AF567612

lebe.jetzt
LIEBE BEZIEHUNG SEX

Arne Hoffmann

Quickies

Sex an ungewöhnlichen Orten

Erotik-Ratgeber

LEBE.JETZT HARDCOVER
BAND 531
1. AUFLAGE: MÄRZ 2021

VOLLSTÄNDIGE BUCHAUSGABE
ORIGINALAUSGABE

LEKTORAT:
MARIE GERLICH

UMSCHLAGGESTALTUNG: WWW.HEUBACH-MEDIA.DE
GESETZT IN DER TRAJAN PRO,
ADOBE GARAMOND PRO & CORPORATE S

PRINTED IN GERMANY
ISBN 978-3-96641-857-7
WWW.BLUE-PANTHER-BOOKS.DE

Inhalt

Vorwort

Vielleicht wunderst du dich, dass der Titel dieses Ratgebers »Quickies« ganz selbstverständlich als »Sex an ungewöhnlichen Orten« definiert. Schließlich bedeutet das Wort »Quickie« (vom englischen Wort »quick« für »schnell«) doch eigentlich nichts anderes als Sex, der sehr flott vonstattengeht. Eine solche kurze Nummer kann man doch auch zu Hause im Bett oder auf der Couch schieben?

Das stimmt zwar. Geht man aber zum Beispiel nach den Ergebnissen einer Online-Umfrage, die vor einigen Jahren veröffentlicht wurde[1], finden sich die zehn beliebtesten Quickie-Orte der Deutschen alle außerhalb der eigenen vier Wände. 46 Prozent bevorzugten das Auto (im Innenraum oder auf der Motorhaube), 34 Prozent das Freibad, 32 Prozent den Balkon, 31 Prozent den Park, 20 Prozent einen Hauseingang und 19 Prozent das Kino. Selbst ein Hochsitz (15 Prozent), eine öffentliche Toilette (12 Prozent) und sogar noch exotischere Schauplätze wie Riesenrad und Fotokabine wurden genannt.[2] Auch in einer Unzahl von für dieses Buch gesichteten Ratgebertexten über Quickies ging es um Sex an Orten, die ein bisschen ausgefallener waren als die gewohnte

Matratze. Einfallsreichtum und Experimentierfreude spielen beim Quickie offenkundig eine große Rolle – ebenso wie der besondere Adrenalinkick, ob durch das Tempo oder die Situation – und dabei insbesondere das Risiko, erwischt zu werden. Quickies sind etwas für Menschen, die beim Sex gern ein bisschen kreativer und abenteuerlustiger sind als der Rest.

Damit ist der Quickie mehr als lediglich die schnelle Nummer, weil einen gerade die eigene Geilheit überkommt. Stattdessen wird er oft geplant und vorbereitet. Aus diesem Grund verdient er auch ein eigenes Buch mit hilfreichen Ratschlägen: Sind all die eben genannten Orte wirklich gut für Sex geeignet? Wo droht ein Fiasko? Wie kannst du diese Pleite verhindern und stattdessen dafür sorgen, dass der Sex an diesem Ort so toll wird wie in deiner Fantasie? Bei einer Nummer im Pool musst du eben auf ganz andere Dinge achten als bei einer Nummer im Kino. Auf den folgenden Seiten wirst du erst einmal erfahren, was man über Quickies generell wissen sollte. Danach lernst du, worauf du bei den unterschiedlichen Orten achten solltest. Dabei beginnen wir mit Sex unter der eigenen Dusche, wo du noch gut davor geschützt bist, dass plötzlich Außenstehende vorbeischneien. Dann wagen wir uns auf immer heikleres Terrain vor.

Das ist schon alles, was es vorab zu sagen gibt. Jetzt wünsche ich dir viel Spaß beim Lesen und der Umsetzung. Auf dass du immer wieder Sex erlebst, der zwar brisant und aufregend ist, aber niemals in einem Fiasko endet!

Sind Quickies auch etwas für dich?

Was spricht eigentlich für die schnelle Nummer zwischendurch? Nicht jeder lässt sich dafür begeistern. Einer Onlineumfrage zufolge sind zwar 92 Prozent der Männer, aber nur 56 Prozent der Frauen einem Quickie nicht abgeneigt.[3] Offenbar ist das männliche Geschlecht hier risikofreudiger und eher für eine schnelle Nummer zu haben, während die Damen sich eher Zeit nehmen, um den Sex zu genießen. Oft brauchen sie auch einfach ein längeres Vorspiel, um überhaupt in Stimmung zu kommen.

Mit der Frage, wie du solche Probleme geschickt überwindest, wird sich ein späteres Kapitel beschäftigen. Hier geht es erst einmal darum abzuwägen, ob Quickies an ausgefallenen Orten überhaupt etwas für dich sein könnten. Als Entscheidungshilfe habe ich einige Pros und Contras zusammengestellt. Vielleicht kannst du die Punkte, die für einen Quickie sprechen, außerdem dafür verwenden, deinen Partner dazu zu verführen?

Folgende Dinge könnten dich davon abhalten, es mal mit einem Quickie zu probieren:

- Im eigenen Bett ist es einfach sehr viel gemütlicher.

- Die Gefahren, die mit einem Quickie verbunden sind – von Schürfwunden auf dem Waldboden bis zum Erwischt-Werden – schrecken dich zu sehr ab.

- Oft braucht man bestimmte Dinge, damit es funktioniert, und die sind bei einer spontanen Nummer nicht zur Hand.

Das alles sind berechtigte Einwände gegen einen Quickie: Aspekte, die von Nachteil sind oder den sexuellen Genuss stören. Ich behaupte aber, das sind auch alles Dinge, die man gut in den Griff bekommen kann, wenn man weiß, wie. Dieses Buch wird alles dazu Notwendige erklären. Das ist sehr viel sinnvoller, als sich dieses Abenteuer völlig zu versagen. Denn es gibt einfach zu viele andere Dinge, die dafür sprechen:

- Ein Quickie an einem ungewöhnlichen Ort kann endlich wieder frischen Wind in einen eintönig gewordenen Alltag mit dem/der Liebsten bringen.

- Unsere Gesellschaft wird insgesamt immer schnelllebiger und es gibt zu viele andere Dinge außer Sex, die Zeit und Aufmerksamkeit beanspruchen. Statt aber völlig auf seine Befriedigung zu verzichten, kann man aus einem kurzen Erlebnis auch sehr viel Lust ziehen.

- Manchmal packt einen die Lust einfach an einem Ort, der weit vom eigenen Bett entfernt ist. Bis man wieder zu Hause wäre, hätte sich diese Geilheit längst gelegt. Warum also nicht einen Weg finden, ihr dort nachzugeben, wo man sich gerade befindet?

- Ein Quickie führt zur Ausschüttung von Glückshormonen und baut blitzschnell angestauten Stress ab, um ihn durch gute Laune zu ersetzen.

- Es gibt kaum ein schöneres Kompliment an den Partner als »Du machst mich so scharf, dass ich mich gar nicht beherrschen kann, dir hier und jetzt die Klamotten vom Leib zu reißen«.

- Es hebt das eigene Selbstbewusstsein, wenn man seinen Partner zu so einer Nummer verführen kann.

- Wenn man über eine leicht exhibitionistische Ader verfügt, kann ein Quickie auch ein Weg sein, anderen Leuten zu zeigen, dass man immer noch aufregenden Sex hat: ob man gemeinsam mit zerwühlten Haaren und verrutschten Klamotten aus dem Bad zurück auf die Party kommt oder ob man später guten Freunden davon erzählt: »Ihr glaubt nie, wo wir es neulich miteinander getrieben haben …« Auch Angeben kann lustvoll sein! Berichtet man von einem Quickie mit einem früheren Partner, kann man sich damit sogar beim anderen Geschlecht als jemand interessant machen, der beim Sex garantiert kein Langweiler ist.

- Ein Quickie führt zu beschleunigtem Herzschlag und heftigerer Atmung – wegen des damit verbundenen Tempos, aber auch weil er oft ein bisschen riskant ist. Das kann einen Quickie erheblich berauschender werden lassen als gelassener Schmuse-Sex, für den man sich Zeit nimmt. Der leichte Stress führt zu einer höheren Wahrscheinlichkeit für einen Orgasmus.

- Manche Menschen befinden sich in einer Wohnsituation, in der aushäusiger Sex am sinnvollsten ist: etwa wenn beide noch bei den Eltern wohnen oder beide einen festen Partner haben (was nicht bedeuten soll, dass ich einen Seitensprung empfehlen würde).

- Grundsätzlich ist es immer gut, seinen Erfahrungshorizont zu erweitern, solange man dabei keinen Schaden nimmt. Das gilt auch für den Sex. Woher willst du zum Beispiel wissen, ob sich Sex am Strand für dich vielleicht als der ultimative Kick herausstellt, wenn du es nie probiert hast, obwohl du die Gelegenheit dazu gehabt hättest?

- Seinen Partner an das kleine erotische Abenteuer zu erinnern, das man gemeinsam erlebt hat, kann den perfekten Einstieg zu neuem Sex darstellen.

Mit guten Argumenten wie diesen bist du trotzdem nicht automatisch erfolgreich dabei, jemanden zu einem Quickie zu bewegen. Als nämlich die Anthropologin Helen Fisher die Gehirnchemie von fast

30.000 Singles untersuchte, fand sie heraus, dass für die Festlegung des eigenen sexuellen Wesens vor allem vier Chemikalien verantwortlich sind. Der Typ Mensch, der für Quickies besonders ansprechbar ist, weil er Spontaneität, das Risiko und immer wieder neue Erfahrungen zu genießen weiß, wird vor allem von dem Neurotransmitter Dopamin beherrscht.[4] Bei Menschen, in deren Gehirn Dopamin schwächer vorhanden ist, beißt du also womöglich auf Granit.

Darf man in der Öffentlichkeit Sex haben?

Womöglich haben dich die obigen Argumente auf den Gedanken gebracht, dass ein Quickie an einem außergewöhnlichen Ort durchaus ein nettes Erlebnis sein könnte. Gleichzeitig fragst du dich aber: Darf man das denn überhaupt – Sex an einem für die Allgemeinheit zugänglichen Ort? Gibt es keine Gesetze dagegen, dass die Leute es in der Öffentlichkeit miteinander treiben?

Mit dieser Befürchtung hättest du recht. Diese Gesetze gibt es. Paragraf 183a des deutschen Strafgesetzbuchs behandelt die sogenannte »Erregung öffentlichen Ärgernisses«. Dort heißt es: »Wer öffentlich sexuelle Handlungen vornimmt und dadurch absichtlich oder wissentlich ein Ärgernis erregt, wird mit Freiheitsstrafe bis zu einem Jahr oder mit Geldstrafe bestraft [...].«[5] Es handelt sich hier um eine Erweiterung von Paragraf 183, der exhibitionistische Handlungen unter Strafe stellt – wenn sie von einem Mann begangen werden. Eine Frau kann nicht wegen Exhibitionismus belangt werden, wegen Erregung öffentlichen Ärgernisses aber schon. Im Schweizerischen Strafgesetzbuch regelt es Paragraf 198 ähnlich. Er besagt: »Wer vor jemandem, der dies nicht erwartet, eine sexuelle Handlung vornimmt und dadurch Ärgernis erregt, wer jemanden tätlich oder in grober Weise durch Worte sexuell belästigt, wird, auf Antrag, mit Busse bestraft.«[6]

Allerdings sind die Formulierungen in diesen Paragrafen nicht ganz unwichtig. Um für Sex in der Öffentlichkeit bestraft werden zu können, musst du jemanden erst einmal damit »belästigen« beziehungsweise »ein Ärgernis erregen«. Wenn von eurem Quickie an einem öffentlichen Ort niemand etwas mitbekommt, hast du nichts zu befürchten, das ist klar. Wenn es jemand mitbekommt, sich daran aber nicht sonderlich stört, dann geht das auch in Ordnung. Dieser Unterschied wird bei vielen Quickies, die dieser Ratgeber behandelt, von einiger Bedeutung sein. Meistens stören sich Menschen nämlich nicht daran, dass andere Menschen Sex haben, selbst wenn sie es außerhalb der eigenen vier Wände tun – zumindest, wenn sie dabei versuchen, so diskret wie möglich vorzugehen und andere Leute nicht mutwillig in ihr Intimleben hineinzuziehen. Solange du Außenstehende also nicht wirklich belästigst, bist du aus dem Schneider: Wo kein Kläger ist, ist auch kein Richter. Eigens eine Strafanzeige zu stellen, weil man den Sex anderer Menschen mitbekommen hat – damit jemand das tut, muss er von diesem Treiben schon wirklich genervt sein.

Das heißt nicht, dass so etwas nicht vorkommt. Beispielsweise musste ein Paar aus Leipzig deftige 2100 Euro Strafe für Sex auf dem eigenen Balkon berappen. Allerdings heißt es in einem Bericht über diesen Sex auch: »Die Liebestollen vergnügten sich mehrfach lautstark auf dem Balkon, er nahm sie von hinten, sie stützte sich oben ohne auf der Balustrade ab. Jeder Passant konnte das wilde Geschehen bestens mitverfolgen.«[7] Da ist es klar, dass es den Nachbarn, die keinerlei Lust auf einen sich ständig wiederholenden 3-D-Porno hatten, irgendwann genervt reagierten. Mit etwas mehr Zurückhaltung wäre das Pärchen womöglich straffrei davongekommen.

Ein weiteres Pärchen trieb es auf einer Zugtoilette lautstark miteinander, wovon sich ein anderer Passagier gestört fühlte, weshalb er die Polizei verständigte. Die Polizisten befanden jedoch, dass keine Straftat vorlag (öffentlicher Sex ist tatsächlich nur eine Ordnungswidrigkeit), und ließen die beiden ungestraft davonkommen.[8] Es handelt sich also immer auch um eine Ermessensfrage mit einigem Spielraum.

Generell hilft es dir in einer solchen Situation, wenn du glaubhaft machen kannst, dass du andere Menschen nicht bewusst provozieren wolltest und es nicht darauf angelegt hattest, Zuschauer zu haben, weil das deine Lust verstärkte, sondern dir Mühe gegeben hast, dass Außenstehende von eurer Leidenschaft so wenig wie möglich behelligt werden. Das sollte dir umso besser gelingen, je mehr du dir tatsächlich über nötige Vorkehrungen Gedanken gemacht hast.

Ganz besonders solltest du immer darauf achten, dass keine Kinder Zeugen eures Intimverkehrs werden können. Hier ist für die allermeisten Menschen Schluss mit lustig. Und das mit Recht: Kinder Dingen auszusetzen, die sie noch gar nicht richtig einordnen können und die sie deshalb verstören dürften, sollte man niemals in Kauf nehmen, nur weil man gerade scharf ist.

Trotz des erwähnten Ermessensspielraums bietet dir bei der Abschätzung deines Risikos vielleicht eine Zusammenstellung wenigstens grobe Orientierung, die die Schweizer Website watson.ch veröffentlicht hat und bei der verglichen wurde, wie Sex an verschiedenen Orten bestraft wurde. Einige Beispiele:

- (nicht nachgewiesener) Sex in einer Umkleidekabine im Schwimmbad: fünf Jahre Hausverbot.

- Sex auf einer Hausmauer vor einem Club im Münchner Stadtteil Schwabing: sie 700, er 1050 Euro. (Frauen werden im Schnitt leichter bestraft als Männer.)

- Sex auf der Orgel-Empore einer oberbayrischen Pfarrkirche: 8400 Euro, weil damit auch andere Anklagepunkte wie »Störung der Religionsausübung« verbunden waren.[9]

Noch gravierender wird öffentlicher Sex in anderen Ländern geahndet, vor allem wenn sie weniger liberal, sondern sittenstreng sind. In Spanien droht eine Strafzahlung von bis zu 75.000 Euro, in muslimischen Ländern wie Dubai hohe Gefängnisstrafen, in Malaysia sogar bis zu 20 Jahren Haft einschließlich einer Prügelstrafe.[10] Besser ist es, du informierst dich vorab, in welche Gefahr du dich begeben würdest, falls dir im Urlaub die Pferde durchgehen.

Welche Orte und Gelegenheiten eignen sich für einen Quickie besonders gut?

Grundsätzlich rate ich bei heiklem Sex dazu, deine Komfortzone schrittweise zu verlassen und deine Grenzen, deinen Wagemut und deinen Horizont nach und nach zu erweitern. Die ersten Quickies an einem privaten Ort wie unter der Dusche hast du womöglich sogar schon erlebt. Im nächsten Schritt möchtest du dich vielleicht ganz vorsichtig an Outdoorsex herantasten. Das kann so aussehen, dass ihr zwar bei dir oder deinem Partner zu Hause Sex habt – aber mit weit geöffnetem Fenster. Bei dieser Gelegenheit kannst du dich in exhibitionistische Fantasien hineinfallen lassen, bist aber tatsächlich davor geschützt, dass euch jemand ertappt und euch Vorwürfe macht. So kannst du dich deiner Leidenschaft überlassen, ohne dir solche Sorgen machen zu müssen … zumindest solange du nicht über Minuten hinweg laut stöhnst oder schreist. Je näher der Sex am Fenster stattfindet, desto prickelnder dürfte er werden. Vielleicht besteht ja tatsächlich das Risiko, dass jemand von außen eurem Treiben zusehen kann? Nimmst du das hin, weil dich diese Vorstellung zusätzlich scharfmacht? Das ist allein deine Entscheidung. Forcieren kannst du diese Möglichkeit, wenn du nachts in einem hell erleuchteten Hotelzimmer mit deinem Lover Sex hast, obwohl ihr wisst, dass sich die Fenster eines anderen Zimmers auf derselben Höhe befinden.

Der nächste Schritt heraus aus der heimischen Geborgenheit wäre Sex auf deinem Balkon und danach an einem eigentlich öffentlich zugänglichen Ort, der aber eine gewisse Form von Schutz bietet, weil er zum Beispiel abschließbar ist (dein Auto, eine öffentliche Toilette), er als zeitweilige Intimsphäre gilt (eine Umkleidekabine) oder weil es dort dunkel ist (ein Kino). Darauf folgen Orte, wo du und dein Lover vor Blicken nur dadurch geschützt seid, dass ihr unter freiem Himmel einen abgelegenen Ort gewählt habt, wo ihr mit einigem Recht darauf setzt, dass nicht ausgerechnet dann jemand dort aufkreuzt, wenn ihr ganz ineinander vertieft seid.

Schauen wir uns einmal an, welche Orte sich noch so für erotische Erlebnisse anbieten.

- Auf der Waschmaschine: Das ist einer der typischen Orte für einen heimischen Quickie, der Sicherheit mit außergewöhnlichem Sex verbindet. Wenn die Maschine die passende Höhe besitzt, sind verschiedene Stellungen denkbar: Sie sitzt am Rand der Maschine, er steht davor und dringt in sie ein; er setzt sich auf die Maschine und sie auf seinen Schoß; sie stützt sich auf die Maschine, während er von hinten in sie eindringt. Der Schleudergang bringt mehr Leben in die Sache.

- Auf einer Party: Findet ein abschließbares Gästezimmer, in das ihr euch ungestört zurückziehen könnt. Nicht zu verachten sind die Momente danach, wenn ihr wieder unter den anderen Gästen seid und wisst, was ihr gerade gemacht habt.

- In einem leeren Veranstaltungsraum einer Hochschule: Es gibt an Universitäten offen stehende Räume, die nicht zum Unterricht, sondern zu bestimmten Veranstaltungen wie abendlichen Gremiensitzungen genutzt werden. Meistens ist man dort gänzlich ungestört.

- In einer Bibliothek: Da hier jederzeit ein Dritter zwischen den Bücherregalen auftauchen kann, ist das natürlich nur ein Ort für Menschen, die echten Nervenkitzel suchen. Wer es wagen will: Wählt eine Bibliothek, bei der ihr ein Hausverbot ertragen könntet, und dort einen Ort, dessen Thematik so ausgefallen ist, dass sich kaum jemand hinverirrt. Ihr steht dann allerdings noch immer vor der Herausforderung, so schnell und so leise zu sein wie möglich.

- In einer Limousine: Im Internet findet man leicht einen regionalen Mietservice für ein solches Luxusgefährt, in dem man sich von einem Chauffeur durch die Straßen kutschieren lassen kann. Ganz billig ist das nicht (weshalb es für viele ein einmaliges Erlebnis sein dürfte), aber dafür sind oft eine kleine Cocktailbar sowie Video- und Stereogeräte im Preis inbegriffen. Nehmt einen Wagen mit getönter Trennscheibe und bittet den Fahrer, erst einmal ungestört zu bleiben. Der Spaß kann beginnen.

- In der Kabine eines Fotoautomaten: Da der Vorhang solcher Automaten oft nur den Oberkörper verdeckt, sollte man auch hier Vorsicht walten lassen und eine Zeit auswählen, zu der an diesem Ort kaum Betrieb herrscht. Dafür kann man ein paar pikante Erinnerungsaufnahmen mitnehmen.

- In einer Bar: Macht ein Rollenspiel daraus, bei dem ihr tut, als wärt ihr zwei Fremde, die sich gerade erst kennenlernen und zügig auf Tuchfühlung gehen, bevor ihr euch für einen weitergehenden Austausch von Intimitäten zurückzieht. Die Blicke der anderen Barbesucher sind oft unbezahlbar.

- Im Restaurant: Auch hier kann natürlich nur das Vorspiel stattfinden, etwa indem man mit seiner Hand oder seinem Fuß im Schoß des Partners tätig wird. Bis zum Höhepunkt schaffen es bei Tisch nur die ganz Abgebrühten.

- Im Feld: Während ein beliebter Schmuseschlager von einem »Bett im Kornfeld« schwärmt, weiß die Erotik-Expertin Delia Kramer in ihrem Ratgeber »Sexplosions« besser Bescheid: »Wenn Sie sich erst einmal im Feld niedergelassen haben, werden Sie sofort das Problematische an diesem Ort verspüren. Der Ackerboden ist uneben, zwischen den goldgelben Halmen wachsen gern immer wieder Disteln und die Ähren selbst können so wunderbar piksen. (…) Selbst wenn das Feld auf den ersten Blick trocken scheint: Der Boden speichert die Feuchtigkeit relativ lang. Eine gewisse Klammheit breitet sich aus. (…) Meiner Erfahrung nach ist das beste Terrain daher das Maisfeld – und zwar im Spätsommer. Der Sichtschutz ist perfekt. Ungeziefer gibt es wenig. Und man muss noch nicht mal die Ernte beschädigen, da es unnötig ist, eine Decke auszubreiten. Hier kann man ungesehen im Stehen verkehren.«[11]

- Während eines Popkonzerts: Wartet den Zeitpunkt ab, wenn der Auftritt beginnt, der die Aufmerksamkeit der Besucher am meisten fesselt. Sie steht mit sehr kurzem Rock und ohne Unterwäsche vor ihm, schmiegt ihren Rücken gegen ihn. Er lässt seine Hände sinken und bringt sie noch mehr in Stimmung. Vorher habt ihr einen Ort abseits vom Publikum ausgespäht, an den ihr euch jetzt zurückzieht, um die Sache zu Ende zu bringen.

- In einem Stundenhotel: Sucht mit Google nach einem passenden Etablissement in der Stadt, in der ihr euch befindet, und bucht zum Beispiel für zwei Stunden ein ansprechendes Zimmer. Oft kann man auf der Website des Hotels sehen, wie die unterschiedlichen Zimmer jeweils eingerichtet sind. Auch kurzfristig ist eine Buchung durchaus erschwinglich. Hier könnt ihr, wenn ihr mögt, auch das Rollenspiel fortsetzen, das ihr in der Bar begonnen habt (zum Beispiel Prostituierte/Callboy und Freier/Kundin).

- Auf einem Parkplatz: Ebenfalls im Internet findet ihr heraus, wo es nahe eurer Stadt Rastplätze gibt, wo sich Menschen treffen, um Sex zu haben beziehungsweise dabei zuzusehen und gesehen zu werden. Wer es geschickt anstellt, kann auch am Vergnügen eines anderen Paares teilnehmen. Lässt dieses Paar das Licht im Innenraum seines Wagens brennen, weiß es Zuschauer zu schätzen, lässt es sogar eine Tür geöffnet, signalisiert das Aufgeschlossenheit für einen Kontakt mit Dritten, solange diese nicht allzu rüpelhaft vorgehen.

- In der Gondel eines Riesenrads: In einer schaukelnden Gondel hoch oben Sex zu haben, über einem der Nachthimmel, unter einem die Lichter der Stadt: Für viele stellt das den Inbegriff von Romantik dar. Der einzige Nachteil ist, dass es auch hier sehr schnell gehen sollte, bis man zu seinem ganz besonderen Höhepunkt findet. Je größer das Riesenrad ist, desto mehr Zeit kann man sich lassen. Im größten Riesenrad der Welt, das in Las Vegas steht, dauert eine Runde etwa 30 Minuten. Näher liegt da schon das Riesenrad des Wiener Praters, wo man sich einen privaten Waggon für zwei unter wienerriesenrad.com mieten kann. Ganz billig ist auch das allerdings nicht.

So viel zu den Orten, die man beim Thema »Quickie« wenigstens genannt haben sollte, aber in aller Kürze abhandeln kann. In späteren Kapiteln werden wir andere denkbare Schauplätze etwas genauer unter die Lupe nehmen.

Wie leitest du einen Quickie geschickt ein?

Insbesondere bei Quickies, die zum Beispiel wegen eines riskanten »Tatorts« möglichst schnell über die

Bühne gehen sollen, steht ihr nicht nur unter sexuellem Druck, sondern auch unter dem Druck, eure Orgasmen möglichst schnell herbeizuführen. Wie aber kommt ihr von null auf hundertachtzig, wenn die Möglichkeit eines ausgedehnten Vorspiels wegfällt, das euch unter anderen Umständen in die nötige Stimmung gebracht hätte? Glücklicherweise gibt es hier durchaus einige Möglichkeiten.

- Wenn ihr euch nicht im beruflichen Umfeld oder in einer anderen Situation befindet, in der von euch eine seriöse Garderobe verlangt wird, könnt ihr euch schon mal so zurechtstylen, dass es zu einer Art visuellem Vorspiel wird, wenn ihr einander anseht beziehungsweise einander mit Blicken auszieht. In der Regel dürfte hier einer Frau ein größeres erotisches Repertoire zur Verfügung stehen, aber auch für einen Mann gibt es zwischen schickem Anzug und kerniger Lederjacke eine gewisse Auswahl. Hilfreich ist es zu wissen, was den Partner besonders antörnt.

- Außerdem könnt ihr euch mit Worten anheizen: ob ihr »Sexting« betreibt, euch also wechselseitig eine heiße Nachricht nach der anderen zuschickt, oder ob einer dem anderen ins Ohr flüstert, was er gleich mit ihm anstellen möchte.

- Im nächsten Schritt können die ersten zärtlichen Liebkosungen erfolgen, die für ein verliebtes Paar noch unverfänglich, also sozial erlaubt sind: eine zärtliche Berührung des Arms oder der Schulter, das Kraulen des Haars, gegebenenfalls eine Nackenmassage, Küssen, Füttern – zum Beispiel mit Obst –, ein spielerischer Klaps auf den Hintern. Wenn du dich mit deinem Partner noch nicht darauf geeinigt hast, dass ihr gleich einen Quickie haben werdet, oder wenn du ihn erst dazu verführen möchtest, kannst du so auch erkennen, wie aufgeschlossen er dazu ist.

- Wenn ihr allein seid oder euch die Leute um euch herum nicht sehr wichtig sind, könnt ihr allmählich auch zu Zungenküssen, Berührungen unter der Kleidung oder einem Griff zwischen die Beine übergehen.

- Spätestens jetzt ist der Moment gekommen, deinem Partner mitzuteilen, dass du es kaum mehr aushältst, dich endlich auf ihn zu stürzen, und dafür einen geeigneten Ort vorzuschlagen, den du dir vorher gut überlegt haben solltest. Je besser dieser Ort deinem Partner gefällt, desto höher sind deine Aussichten auf Erfolg. Informiere dich daher vorher so gut wie möglich über die genauen Vorzüge dieses Ortes, also etwa ob ein Raum abschließbar ist oder ob es einen günstigen »Fluchtweg« gibt. Sobald du das erwähnst, merkt dein Partner auch, wie ernst es dir ist.

- Wenn du mitteilst, dass du bestimmte Dinge greifbar hast, die einen Quickie erleichtern, legst du deine Karten ebenfalls auf den Tisch: Wer trägt schon zum Beispiel ständig Gleitgel mit sich herum? Dafür wirkst du mit dieser Vorbereitung besonders umsichtig.

- Ist dir ein konkreter Vorschlag zu direkt, kannst du auch mit Gedankenspielen beginnen: »Stell dir vor … wie wäre es wohl, wenn wir … zum Beispiel da drüben …?« Der Übergang von der Fantasie zur konkreten Planung kann fließend erfolgen.

- Womöglich erscheint es dir auch geschickter, einen Vorwand zu benutzen, um die Person, mit der du gern Sex hättest, an den von dir gewünschten Ort zu bringen. Vielleicht willst du ihn in deinem Auto eine coole CD hören lassen oder ihm von einer bestimmten Stelle aus den Sonnenuntergang zeigen. Diese subtilere Methode, jemanden an den gewünschten Ort zu bringen, empfiehlt sich vor allem bei jemandem, mit dem du nicht sowieso immer wieder Sex hast.

- Sobald ihr euch an dem Ort befindet, an dem ihr unbeobachtet seid, können eure Berührungen noch intensiver werden. Ihr reibt dann zum Beispiel eure Körper aneinander, zieht euch die ersten Kleidungsstücke aus und küsst euch an intimeren Stellen. Wenn ihr beide in Stimmung seid, kommt es jetzt zum Sex.

Es kann gut sein, dass deinem Partner, das, was du sorgsam geplant hast, so erscheint, als ob es »einfach so« passiert wäre. Wenn ihr andererseits schon ein wenig Erfahrung mit solchen Quickies gesammelt habt, weiß jeder von euch, dass ihr immer wieder dasselbe

Spiel nach bestimmten Regeln spielt. In beiden Fällen erfüllt dieses Spiel seinen Zweck.

Worauf solltest du bei einem Quickie grundsätzlich achten?

Bei vielen Quickies hängen die sinnvollen Tipps, die man dazu geben kann, davon ab, wo und wie der Sex stattfindet. Es gibt allerdings einige generelle Ratschläge, die sich auf viele schnelle, etwas riskante Nummern anwenden lassen. Mit einem davon, nämlich dass es irgendeinen Ersatz für das fehlende Vorspiel geben sollte, haben wir uns gerade ausführlich beschäftigt. Hier in schnellerer Folge einige weitere:

- Vielen Menschen gelingt es, einen gewissen sexuellen Druck aufzubauen, indem sie sich an den Tagen vor dem Quickie sexueller Aktivitäten einschließlich Selbstbefriedigung enthalten. So gelangen sie in kürzerer Zeit zu einem heftigeren Orgasmus. Überlege selbst, ob dir das die Sache wert ist. Eine lustvollere Methode besteht darin, ziemlich oft Sex zu haben. Dadurch werden die Nervenbahnen für die dabei stattfindenden Vorgänge sensibilisiert und man gelangt ebenfalls leichter zu einem neuen Höhepunkt. Wenn es möglich ist, probiere einfach mal aus, ob bei dir eine der beiden Methoden besser funktioniert als die andere.

- Auch die Tageszeit kann eine Rolle spielen: Der Höhepunkt der weiblichen Lustkurve liegt um drei Uhr nachmittags, der männliche Testosteronspiegel steht kurz vor zwölf am höchsten. Wenn einer von euch beiden also Schwierigkeiten hat, zügig in die Gänge zu kommen: Vielleicht probiert ihr es einfach mal zu einer anderen Uhrzeit?

- Ein Nachtrag zum vorangegangenen Kapitel: Man kann sich auch kurz vor dem geplanten Sex eigenhändig mehr in Stimmung bringen: Einige Frauen schaffen das, indem sie einfach ihre Schenkel aneinander reiben oder gegeneinanderpressen und so unbemerkt ihre Klitoris stimulieren. Für Männer gibt es leider keinen vergleichbaren Trick: Sie müssen sich zum Beispiel auf die Toilette zurückziehen, um sich in Stimmung zu bringen.

- Für einen Mann wäre es bei einem Quickie sehr hinderlich, wenn er zu lange braucht, bis sein Penis steif genug wird. Dem kann man vorbeugen: Solltest du öfter unter einer Erektionsschwäche leiden, kann es schon helfen, mehr frisches Obst und Gemüse, Vollkorn- und Sojaprodukte, Hülsenfrüchte sowie Fisch zu essen sowie auf Pommes frites, Fertiggerichte, Backwaren, salzreiche Speisen, Nuss-Nugat-Cremes und auf Zigaretten zu verzichten. Deine Erektion wird auch verlässlicher, je besser dein Blutkreislauf ist, was du durch regelmäßige Bewegung fördern kannst. Direkt vor dem Sex können ein zu üppiges Mahl und mehr als ein Glas Alkohol deine Erektion gefährden.

- Quickies und spontaner Sex sind nicht unbedingt dasselbe. Viele Quickies erfordern Vorbereitung: zum Beispiel dass du darüber nachdenkst, wie das Ganze konkret ablaufen soll und was du dafür benötigst. Schätze den Quickie realistisch ein, statt dich nur einer heißen Fantasie hinzugeben, in der alles automatisch klappt. Denke auch darüber nach, wie du und dein Partner euch am geschicktesten verhaltet, wenn ihr überraschend erwischt werdet. Welche »Fluchtwege« gibt es? Ist es sinnvoll, lieber ein paar Kleidungsstücke zurückzulassen, als eine Anzeige zu riskieren? Je besser du dich hier vorbereitet hast, desto mehr sinkt deine Nervosität und desto eher kannst du dich auf den Sex konzentrieren.

- Überlege vor allem, wie du damit umgehst, wenn sich der männliche Partner von euch ergießt. Schluckt seine Partnerin das Sperma? Seid ihr bereit, Spuren zu hinterlassen?

- Wenn du im Laufe der nächsten Stunden mit der Möglichkeit eines Quickies rechnest, zieh dich gleich so an, dass der Zugang zu deinem Schoß so leicht wie möglich ist. Overalls, Jumpsuits, Bodys und eine Strumpfhose sind hier völlig ungeeignet. Wenn du eine Frau bist, trage besser ein Kleid oder einen kurzen Rock, verzichte auf Unterwäsche oder trage Unterwäsche, die vorn offen ist. Das verkürzt die Vorbereitungszeit, und wenn ihr erwischt werdet, geht es schneller, einen Rock fallen zu lassen, als eine Jeans hochzuzerren.

- Es kann hilfreich sein, gängiges Quickie-Zubehör immer in seinem Kofferraum zu haben, also beispielsweise eine Unterlage, etwas zum Saubermachen und Gleitgel, falls die Frau in der kurzen Zeit nicht feucht genug wird. Eine kleine Packung feuchter Tücher und ein Mini-Vibrator passen sogar in eine Handtasche. Ersatzklamotten, falls Sperma auf deiner Kleidung landet, sind aber wohl nur sinnvoll, wenn du fest mit einem Quickie rechnest.

- Ein Quickie bedeutet nicht automatisch, dass man auf Safer Sex verzichten sollte. Wenn möglich, kalkuliere also immer auch die Zeit ein, die ihr benötigt, um ein Kondom überzustreifen. Je schneller dieses Überstreifen funktioniert, desto besser. Übe es, wenn nötig, also vorher zu Hause. Erstens macht elegantes Überstreifen statt hektischem Rumgefummel einen guten Eindruck, zweitens besteht bei ungeschickter Handhabung eines Kondoms auch immer die Gefahr, dass das Material reißt. Der Riss kann so winzig sein, dass er dir in der Eile entgeht, Viren und Spermien es aber hindurchschaffen.

- »Das oberste Gebot lautet: Ja nicht zu viel ausziehen!«, rät die Zeitschrift *Men's Health Coach*. »Vor allem Kleidungsstücke, die schwer wieder anzulegen sind – wie etwa Slip, Büstenhalter und Jeans –, nur kurz beiseite- oder herunterschieben. Die Vorteile: Ein BH, der unter die Brüste geschoben wird, drückt diese nach oben und macht sie dadurch praller. Eine Jeans, die auf den Knien sitzt, zwingt sie zu einer schmalen Beinhaltung. Das macht den Eingang schmaler und die Reibung größer, steigert die Lust und beschleunigt den Sex.«[12] Allerdings haben Jeans beim Quickie auch den einige Absätze zuvor erwähnten Nachteil.

- Wenn du einen Quickie mit einem Partner hast, dessen sexuelle Reaktionen du schon kennst, ist es sinnvoll, ihn in der ersten Minute mit der Technik anzuheizen, von der du weißt, dass sie ihn zuverlässig schnell in Fahrt bringt, zum Beispiel Oralsex (immer vorausgesetzt, das ist problemlos möglich). Danach könnt ihr zu anderen Techniken wechseln.

- Wenn du eine Frau bist und nicht genau weißt, was deinen Partner am meisten in Fahrt bringt, kannst du auf eine Reihe von Techniken zurückgreifen, mit denen man einen Mann generell dazu bringen kann, schneller zu kommen: die Vorhaut straff über den Schaft des Penis ziehen und so die Empfindungen dort verstärken; das Bändchen (Frenulum) unter dem Kopf des Penis liebkosen; beim Blowjob die Hand, die den Penis umfasst hat, beim Herauf- und Herunterbewegen leicht drehen; mit der freien Hand seine Hoden liebkosen; die erogene Zone zwischen Nabel und Penis stimulieren. Oft hilft es auch, dem Mann einen Finger in den Hintern zu schieben.[13] (Bei Frauen kenne ich leider keine solchen Instant-geil-Tricks, bin aber noch in der Recherche.)

- Ein Quickie bedeutet nicht automatisch Geschlechtsverkehr. Oralsex und Befriedigung mit den Fingern können auch erfüllend sein.

- Selbst auf einen Orgasmus solltest du nicht unbedingt fixiert sein. Man kann auch ohne Höhepunkt miteinander Spaß haben und eine lustvolle Erfahrung machen. Oft läuft es sogar so: Je mehr du dich von dem Wunsch löst, unbedingt kommen zu müssen, und dich stattdessen deinen Empfindungen überlässt, desto größer sind deine Chancen, doch einen Höhepunkt zu erleben.

- Ein Quickie ist nicht gerade die beste Gelegenheit, unnötig völlig neue sexuelle Positionen auszuprobieren. Wenn ihr nur wenig Zeit habt, setzt ihr euch mit solchen Experimenten nur noch mehr unter Druck. Altbewährtes bringt euch zuverlässiger in Ekstase. Anders sieht es natürlich aus, wenn der Schauplatz des Quickies eine ungewohnte Position verlangt. Oft kann man solche Positionen, zum Beispiel Sex im Stehen, aber auch vorher in Ruhe »üben«.

- Allzu hektischer Sex, vor allem wenn er mit dem rasanten Wechsel von Stellungen einhergeht, birgt die Gefahr von Unfällen wie beispielsweise dem sehr schmerzhaften sogenannten »Penisbruch«. Dabei knickt das männliche Glied und seine Schwellkörper reißen ein, weil es unvorsichtig gegen einen harten Widerstand – zum Beispiel einen weiblichen Beckenknochen – gerammt wurde. Zu einem Penisbruch kann es auch kommen, wenn die Partnerin während des Verkehrs im Stehen plötzlich einknickt und so den Ständer abrupt mit ihrem ganzen Gewicht belastet. Auch wenn die Partner sich allzu hektisch voneinander lösen, weil sie beim Sex ertappt wurden, besteht dieses Risiko. Ihr braucht deswegen nicht übervorsichtig zu sein, solltet aber zum Beispiel akrobatisches Herumturnen in hohem Tempo lieber vermeiden.

- Oft kann es im späteren Verlauf des Quickies sinnvoll sein, dass »jeder für sich selbst sorgt«, also alles tut, damit er oder sie einen Orgasmus hat. Das ist ein bisschen egoistisch, stellt aber sicher, dass jeder von euch tatsächlich zu seinem Höhepunkt gelangt – unter Umständen auch durch Handbetrieb.

- Eine sozialere Alternative dazu: Frag deinen Partner direkt, was er jetzt braucht, um zu kommen, und kümmere dich dann darum.

- Wenn du feststellst, dass du in deinem Überschwang Spermaflecken auf Stoff oder dem Teppich hinterlassen hast, versuche besser nicht, sie mit heißem Wasser herauszureiben. Das Eiweiß würde gerinnen und wäre so nur noch schwerer zu entfernen. Normalerweise entfernt man solche Flecken, indem man sie mit einer kalten oder lauwarmen Waschmittellösung einige Zeit lang kalt oder lauwarm einweicht und dann kalt ausspült. Ihr hattet euer Vergnügen an einem Ort und zu einer Zeit, die eine so aufwendige Lösung unmöglich machen? Dann packt das nächste Mal besser auch einen Fleckenteufel speziell für Eiweißstoffe (gibt es in den meisten Drogerien) in euren Quickie-Zubehör-Pack. Zur Entfernung von Flecken aus Scheidenflüssigkeit kann man Oxy-Action-Teppichreiniger und Polsterschaumreiniger für Autositze verwenden.

- Denkt daran, nach dem Quickie gegenseitig eure Kleidung und Frisur zu überprüfen, bevor ihr wieder unter Leute geht.

- Wenn ihr nach dem Quickie erst mal getrennte Wege geht, schicke deinem Partner wenigstens eine Nachricht, dass es dir gefallen hat und du dich schon auf das nächste Mal freust.

- Gelegentlich bietet nur ein Ort Gelegenheit zu einem Quickie, der nicht deinen üblichen Ansprüchen an Sauberkeit und Gemütlichkeit entspricht. Entscheide vorher, ob du das Ganze sportlich nehmen kannst – kleine Unannehmlichkeiten gehören zu sexuellen Abenteuern dazu und man lernt daraus – und ob es dir gelingt, deine Empfindlichkeiten beiseitezuschieben und dich nur auf den Sex zu konzentrieren. Bist du in dieser Hinsicht skeptisch, lass es besser gleich bleiben und warte auf eine bessere Gelegenheit. Das dürfte dir eine schlechte Erfahrung im sexuellen Bereich ersparen, die dir die Freude an Quickies grundsätzlich verleiden könnte. Allerdings sollte dir klar sein, dass es eine hundertprozentig perfekte Gelegenheit vermutlich niemals geben wird.

Wie erlebst du einen erfrischenden Quickie unter der Dusche?

Die Dusche ist ein Ort, der in Verbindung mit Quickies immer wieder genannt wird. Das überrascht nicht, nachdem schon das Duschen allein ein sinnliches Vergnügen darstellen kann – sich gegenseitig einzuseifen noch viel mehr. Ist man zu zweit unter der Dusche, wird der Raum so eng, dass man den feuchten Körper des anderen automatisch dicht an seiner Haut spürt. Das prasselnde Wasser übertönt Laute der Lust, die andernfalls nach außen dringen könnten, und Duschen mit Sex zu vereinbaren, ist auch zeitlich höchst effizient. Man weiß, dass der andere porentief sauber ist, und der Weg zum Bett ist oft nicht weit. Nicht zuletzt handelt es sich bei der Dusche um einen Raum, der zur eigenen Privatsphäre gehört und nicht öffentlich zugänglich ist – was allerdings nicht in jedem Fall gilt. Nach manchem, was ich zum Beispiel so aus Studentenwohnheimen zu hören bekomme, stellen die Duschen dort einen der beliebtesten Orte dar, einander besser kennenzulernen.

Welche Möglichkeiten bietet dir die Dusche nun für einen Quickie und worauf solltest du achten?

- Hast du vor, es mit deinem Lover unter der Dusche ein wenig wilder zu treiben? Dann bietet sich an, dass du dort frühzeitig eine rutschsichere Gummimatte auslegst, die euch beiden sicheren Stand verschafft. Möglicherweise hast du das Gefühl, dass eine solche Matte die Erotik des Ortes ein wenig reduziert – das gilt aber für einen schmerzhaften Sturz nur umso mehr.

Wenn ihr es besonders wild treiben möchtet, könnt ihr euch sogar überlegen, eine weitere Matte anzuschaffen, die mit Saugnäpfen an der Wand befestigt werden kann und so auch dort für mehr Stabilität sorgt.

- Wenn die Dusche verglaste oder anderweitig durchsichtige Wände besitzt und sich der Mensch, auf den du Lust hast, im selben Raum befindet, kannst du ihn bereits durch die Konturen deines nackten Körpers in Stimmung bringen, indem du deinen Körper dicht genug an den Wänden der Dusche positionierst.

- Auf viele Männer wirkt es ausgesprochen anregend, wenn ihre Partnerin unter der Dusche Teile ihrer Kleidung anbehält: etwa die Unterwäsche oder ein Shirt, das durch das Wasser an ihrem Körper kleben bleibt und die Konturen nachzeichnet.

- Wenn ihr mögt, könnt ihr, bevor ihr zusammen in die Dusche steigt, das Wasser mit so hoher Temperatur laufen lassen, dass sich in der Kabine der Dampf eines türkischen Bades entwickelt: zwar eine schweißtreibende Umgebung, die einen aber in erotischer Hinsicht ebenfalls stark anheizen kann. Damit das wirklich gut klappt und ihr beim Verlassen der Dusche keinen Kälteschock bekommt, solltet ihr aber besser auch die Heizung im Bad aufdrehen. Allerdings kann ein überhitzter Körper dazu führen, dass die Muskeln plötzlich schlaff werden und man wegsackt. Achtet in einer saunaartigen Dusche also besonders gut darauf, dass ihr einen stabilen Stand habt, sodass ihr euch abfangen könnt.

- Wenn ihr verhindert, dass der Duschstrahl genau euer Gesicht trifft, könnt ihr leichter und tiefer atmen, was beim Sex nicht ganz unwichtig ist.

- Der Sex kann relativ zurückhaltend mit wechselseitigem Einseifen beginnen. Sobald du aber zum Beispiel einen mit Seifenschaum bedeckten Lappen zwischen die Beine deines Partners führst, ist es mit der Zurückhaltung vorbei und du weckst besonders intensive Gefühle.

- Ein böses Foul wäre es allerdings, mit eingeseiftem Penis in den Körper einer Frau einzudringen. Das verursacht ein Brennen, das jeden sofort aus seinen erotischen Empfindungen herausreißt. Einem Mann geht es nicht anders, wenn Seife in die Harnröhre eindringt.

- Wesentlich lustvoller ist es, mit dem Wasserstrahl aus dem Duschkopf die Unterseite des Penis zwischen Schaft und Eichel zu massieren. Hilfreich kann hier ein Duschaufsatz sein, mit dem sich die Stärke des Strahls besser kontrollieren lässt. Auch andere erogene Zonen bieten sich für eine derartige Behandlung an, beispielsweise die Innenseiten der Schenkel oder der Hintern.

- Wenn bei euch der weibliche Partner schon Erfahrung darin hat, sich mit dem Duschstrahl selbst zu befriedigen, ist das für sie eine gute Gelegenheit, ihrem Lover zu zeigen, wie genau sie das tut, sodass er das danach übernehmen kann.

- Auch Oralsex unter der Dusche ist eine Möglichkeit – vor allem für jene Menschen, die sonst davor zurückschrecken, weil sie sich Sorgen machen, dass ihr Genitalbereich zu sehr müffeln könnte.

- Da die Dusche für so viel Sauberkeit sorgt, ist das auch ein Ort, an dem man zum ersten Mal Rimming ausprobieren könnte, also den Hintern seines Partners mit seiner Zunge zu verwöhnen.

- Eine weitere Finesse wäre die Verwendung einer Peelingpackung mit Meersalz, wie sie in vielen Drogerien und Reformhäusern angeboten wird. In erster Linie dienen diese Packungen dazu, die Haut samtweich und glatt zu machen. Wenn du den Körper deines Partners damit verwöhnst, kannst du aber darüber hinaus Fantasien von Liebe am von der Brandung überspülten Küstenstrand auslösen, die zu so starken sexuellen Gefühlen führen können, als würdet ihr euch wirklich an einer solchen Küste lieben. Dies gilt umso mehr, als ihr euch alle Unannehmlichkeiten, die damit in der Realität verbunden wären, erspart (siehe dazu ein späteres Kapitel).

- Zu den Glücksgefühlen beim gemeinsamen Duschen können auch wasserdichte Vibratoren beitragen, die es zum Beispiel in Form von Schwämmen und Delfinen gibt.

- Ein wasserfestes Gleitmittel auf Silikonbasis wie *Astroglide* erleichtert das Eindringen in den Körper des Partners. Das Duschwasser allein macht die entsprechenden Öffnungen nicht glitschig genug.

Beim Sex unter der Dusche kommen vor allem Positionen infrage, bei denen beide Partner stehen. Sex im Stehen wiederum funktioniert so richtig gut nur dann, wenn sich die Hüften beider Partner wenigstens annähernd auf derselben Höhe befinden. Das gilt auch für spätere Kapitel dieses Buches, z. B. bei Sex im Aufzug. Ist das bei euch beiden so, ist bei den folgenden Stellungen die Gefahr des Ausrutschens gering:

- Die Frau stellt sich mit kreuzförmig ausgebreiteten Armen und Beinen gegen eine Wand, hält sich womöglich an den Armaturen fest und der Mann dringt von hinten in ihre Vagina ein.

- Die Frau beugt sich weit nach vorn, ihr Partner steht hinter ihr und stimuliert ihre Brüste und ihren Schoß erst mit seinen Fingern, dann dringt er mit seinem Penis in seine Partnerin ein. Wenn die Frau sich nicht an der Wand abstützen muss, sondern ihre Hände frei hat, kann sie sich auch selbst stimulieren.

- Bei beiden Stellungen ist es auch möglich, dass der Mann in den Hintern der Frau eindringt. Hier ist Gleitgel jedoch besonders wichtig.

- Die Frau lehnt sich mit dem Rücken an die Duschwand, hebt ein Bein und erleichtert es ihrem Partner so, tief in sie einzudringen. Sie kann das erhobene Bein auch um seine Hüfte schlingen oder ihre Kniebeuge in den inneren Ellbogen ihres Partners sinken lassen.

- Ihr könnt auch auf Sex im Stehen verzichten. Die Frau würde dann auf die Knie gehen, der Mann sich hinter sie knien und dann in sie eindringen.

Wie schiebst du eine schnelle Nummer auf der Toilette?

Zugegeben: Eine Toilette, ob öffentlich oder privat, erscheint den meisten von uns nicht als der romantischste, sinnlichste und angenehmste Ort, um dort Liebe zu machen. Aber es kann einem ja auch einen Kick geben, wenn man Sex auf eine besonders »schmutzige« und »verdorbene« Weise hat. Gerade dass man selbst einen solchen Ort für Sex in Kauf nimmt, zeigt dem anderen, dass man es einfach nicht mehr länger aushält, bis man es sich endlich gegenseitig besorgen kann. Ob man auf einer Party, einem Konzert oder in einer Bar durch Musik, Drinks und den Anblick des anderen in Wallung gerät – auf der Toilette kann sich diese Lust entladen, schnell, hart und unkompliziert.

Wobei man sich auch in diesen Fällen fragen darf, was man sich noch antun möchte und was nicht. Sex auf einem Dixiklo beispielsweise dürfte selbst für ganz hartgesottene oder besonders geile Menschen eine Herausforderung darstellen. Es ist eng, stickig, häufig versifft und schmutzig, die Gerüche sind oft besonders unangenehm und man möchte möglichst keine der Wände berühren, was die meisten Stellungen unmöglich macht. Schnell wird einem dort eine auch noch so starke Erregung zerschossen und man gelangt zu der Erkenntnis, dass man vielleicht doch nicht überall Sex haben möchte.

Im Vergleich dazu erscheinen einem Toiletten in den meisten Lokalen, Bars und Clubs bereits als Luxus. Natürlich ist hier das Risiko etwas größer, dass man beim Sex erwischt wird. Aber selbst wenn: Der Betreiber eines Clubs wird nicht gleich die Polizei anrücken lassen, nur weil ein Pärchen auf der Toilette Spaß miteinander hat. Stattdessen dürfte er versuchen, das Ganze so diskret wie möglich zu klären. Das bietet zwei Möglichkeiten:

- Wenn es einem gelungen ist, einen guten Draht zum Barmann aufzubauen, kann man ihm schon vorab ein kleines Trinkgeld zustecken und ihm augenzwinkernd mitteilen, dass man sich gern für zehn Minuten zu zweit auf die Toilette zurückziehen möchte. In diesem Fall setzt man darauf, dass der Barmann Verständnis für heiße Liebe hat. Der Nachteil bei dieser Methode: Sie kann auch schiefgehen. Deshalb sollte man vor allem dazu greifen, wenn man sich seines Charmes, der Freundlichkeit des Barmanns oder der Höhe des zugesteckten Trinkgelds sicher ist.

- Die Alternative dazu lautet: besser hinterher entschuldigt, als vorher um Erlaubnis gefragt. Man geht dann eben das Risiko ein, dass es zu Problemen kommen könnte. Wenn dieser Fall dann eintritt, tut man eben ganz nach seinem Naturell ganz unschuldig (»Was sollen wir gemacht haben?«) oder zerknirscht (»Wird nie wieder vorkommen, aber wir konnten uns einfach nicht beherrschen«) oder auch demonstrativ cool (»Kein Grund, da ein großes Ding draus zu machen, Mann«).

Welche anderen Tipps können hilfreich sein, wenn man es auf der Toilette eines Lokals miteinander treiben möchte?

- Tut es lieber nicht in einem Lokal, das nur über eine einzige Toilette verfügt. Die Gefahr, dass sich vor der verschlossenen Tür einiger Unmut anstaut, weil ihr allzu lange braucht, ist zu groß.

- Tut es lieber auf dem Herren- als auf dem Damenklo. Eine Frau auf der Männertoilette erntet wesentlich weniger Empörung als ein Kerl, der an Rückzugsorten für Frauen herumsteigt. Außerdem ist auf Männertoiletten tendenziell weniger Betrieb, und nach allem, was ich höre, sind die Kabinen dort sauberer (vielleicht auch weil Männer zum Pinkeln die Urinale statt der Kabinen benutzen).

- Wenn ihr ganz dreist sein wollt, könnt ihr auch die Behindertentoilette benutzen. Sie ist geräumiger und wird noch weniger frequentiert als die anderen Klos. Der Nachteil ist allerdings auch klar: Wenn sich in dem Lokal jemand befindet, der auf genau diese Toilette angewiesen ist, zwingt ihr ihn zum Warten, nur damit ihr miteinander fummeln könnt.

- In der Toilettenkabine bietet sich zunächst einmal Sex im Stehen an, worüber du schon alles Wichtige gelernt hast. Du solltest nur besonders gut auf einen festen Stand achten, da der Boden von Toiletten mitunter rutschig sein kann.

- Hier kann die Frau beim Sex im Stehen ihren Fuß auf den Deckel der Toilette stellen und ihrem Partner durch diese Haltung ermöglichen, tiefer in sie einzudringen – ob von vorn oder von hinten.

- Eine Alternative: Die Frau tritt vor die Toilettenschüssel und stützt ihren Oberkörper auf den heruntergeklappten Deckel, woraufhin ihr Partner sie von hinten nimmt. (Sich auf den Spülkasten zu stützen oder gar zu setzen ist nicht empfehlenswert, da solche Kästen oft weniger stabil sind, als man glaubt, und keineswegs dazu gedacht, das Gewicht eines Menschen zu tragen, der von einem anderen heftig durchgepflügt wird.) Wenn die Frau sich auf den heruntergeklappten Deckel kniet und dann von hinten nehmen lässt, sieht man durch eine Türaussparung in Bodennähe, die ja viele Toilettenkabinen aufweisen, sogar nur ein einziges Paar Beine.

- Eine weitere Alternative: Der Mann setzt sich auf den heruntergeklappten Klodeckel, seine Partnerin bietet ihm einen Lapdance, der damit endet, dass sie sich auf seinem inzwischen ausgepackten und ausgefahrenen Penis niederlässt.

- Ebenfalls möglich: Beide Partner schauen mit dem Gesicht zur Tür der Kabine und die Frau lässt sich dann auf dem erigierten Penis ihres sitzenden Partners nieder.

- Natürlich ist auch Oralsex auf der Toilette denkbar. Sicherheit, von außen nicht dabei ertappt zu werden, bietet aber nur eine durchgängig geschlossene Tür ohne Spalte in Fußhöhe.

- Und schließlich könnt ihr auch im Stehen eure Körper aneinanderschmiegen und euch tief in die Augen schauen, woraufhin jeder von euch seinen Partner zum Orgasmus fingert.

Sex auf einer privaten Toilette (ob der eigenen oder einer fremden), vielleicht weil man auf einer Party im Freundeskreis heiß aufeinander geworden ist, bietet einige weitere Möglichkeiten für Spaß zu zweit.

- Häufig gehört zu einer privaten Toilette im Gegensatz zu einer öffentlichen WC-Kabine ein Waschbecken, das man in das Liebesspiel mit einbeziehen kann – wenn man sich sicher ist, dass es das Gewicht eines Menschen gut tragen kann! Das dürfte vor allem auf Becken zutreffen, die nicht frei hängen, sondern zum Beispiel in eine Marmorplatte eingelassen sind. Auf den

Rand eines solchen Beckens kann sich die Frau setzen, ihre Beine um den Schoß des Mannes schlingen (oder ihre Unterschenkel auf seine Schultern legen) und diesen Mann dann in sich eindringen lassen. Einen möglichen Störfaktor stellt dabei allerdings der Wasserhahn des Beckens dar. Ihr müsstet also entweder einen günstigen Winkel finden oder ein zusammengerolltes Handtuch als Puffer verwenden, der verhindert, dass sich der Wasserhahn in den Rücken der Frau bohrt.

- Auch Oralverkehr ist bei einem solchen stabilen Waschbecken gut möglich. Hier muss der Partner, der vor dem anderen kniet, eventuell ein zusammengerolltes Handtuch als Knieschoner unter sich schieben. Außerdem müsst ihr darauf achten, dass der sitzende Partner nicht in das Waschbecken zurückrutscht.

- Eine dritte Möglichkeit ist Sex im Stehen, wobei der Mann von hinten in die Frau eindringt und beide ihre Gesichter in einem Spiegel sehen können, der über dem Waschbecken hängt.

Wie erlebst du einen lustvollen Quickie auf dem Balkon?

Du wirst dich an das zuvor beschriebene Beispiel erinnern, bei dem Sex auf dem Balkon mit einer deftigen Strafe geahndet wurde. Auch wenn es euer eigener Balkon ist, könnt ihr es dort also nicht einfach nach Herzenslust miteinander treiben. Schließlich handelt es sich um einen öffentlich einsehbaren Ort. Wenn ihr in Miete lebt, müsstet ihr außer mit einer Strafanzeige vielleicht auch mit Sanktionen eures Vermieters rechnen, beispielsweise einer Abmahnung oder Kündigung wegen Störung des Hausfriedens.

Ihr könnt also auf dem Balkon nur dann Sex haben, wenn ihr darauf achtet, dass es niemand anderes mitbekommt oder zumindest niemand belästigt wird. Selbst wenn es durch einen blöden Zufall jemand mitkriegt, könnt ihr dann immerhin argumentieren, verschiedene Vorkehrungen getroffen zu haben, um genau das zu verhindern. Solche denkbaren Vorkehrungen sind etwa die folgenden:

- Ihr habt euren Sex nicht mittags um drei, selbst wenn ihr um diese Uhrzeit besonders in Stimmung seid, sondern verlegt ihn auf eine späte Stunde, wenn es schon dunkel ist. In einer warmen Sommernacht sollte das problemlos möglich sein.

- Ihr seid so geräuschlos wie möglich zugange.

- Ihr legt auf dem Boden des Balkons Decken aus und habt dort im Schutz der Brüstung Sex.

- Ihr überprüft vorher, von welchen Winkeln außerhalb des eigenen Balkons man wie viel von dem erkennen kann, was ihr dort tut. Dazu kann unter einem Vorwand ein Besuch in einer Nachbarwohnung hilfreich sein. Vielleicht findet ihr heraus, dass eine Ecke eures Balkons von außen nicht einsehbar ist.

- Ihr besorgt euch einen zusätzlichen Sichtschutz wie etwa einen Sonnenschirm, einen faltbaren Balkonfächer, eine aufgehängte Decke oder eine spanische Wand.

Schließlich gibt es noch die riskante, aber für manche Paare besonders prickelnde Methode: Hierbei lehnt sich die Frau über die Brüstung und sieht hinunter, woraufhin ihr Partner hinter sie tritt und sie mit den Fingern oder seinem Penis befriedigt. Die betreffende Frau darf sich dabei aber so wenig wie möglich anmerken lassen, sondern muss so tun, als würde sie lediglich die Aussicht genießen. Wenn unten Nachbarn vorbeigehen, grüßt ihr sie freundlich. Dasselbe Spiel ist auch mit umgekehrten Rollen möglich: Der Mann steht an der Brüstung, seine Partnerin greift um ihn herum und massiert seinen Penis bis zum Orgasmus.

Diese Praktik verlangt einiges an Selbstbeherrschung, aber wer auf solche spannenden Spiele steht, findet dieses Vorgehen gerade deshalb besonders anregend.

Wie hast du einen erhebenden Quickie im Aufzug?

Sex im Aufzug ist vermutlich vor allem dann ein erotischer Traum für dich, wenn du entsprechende Filmszenen genossen hast – oder wenn die verspiegelten Wände eines Fahrstuhls deine Fantasie anregen. Womöglich fragst du dich aber auch, ob ein Quickie im Aufzug wirklich umsetzbar wäre. Hat man selbst in einem wirklich hohen Gebäude überhaupt die Zeit, seinen Intimbereich freizulegen, bevor sich die Tür – vielleicht sogar überraschend früh – wieder öffnet und man Leuten gegenübersteht, die einen entgeistert anstarren?

Auf welche Weise kannst du die Fantasie vom Sex im Aufzug Wirklichkeit werden lassen? Nun sind solche Fahrstühle oft etwas unterschiedlich, aber folgende generelle Tipps können weiterhelfen:

- Es besteht natürlich immer die Möglichkeit, den Knopf zu drücken, der einen Nothalt zwischen zwei Stockwerken auslöst. Sobald ihr euren Quickie hattet, würdet ihr die Kabine wieder in Bewegung setzen und beim Aussteigen den Menschen, die euch verwirrt anstarren, so glaubwürdig wie möglich erklären, dass ihr wegen einer technischen Panne stecken geblieben seid. Damit kann man durchkommen. Es kann aber auch Probleme geben: Zunächst einmal gibt es diesen Nothaltknopf nicht bei jedem Aufzugmodell. Vor allem ältere Aufzüge sind damit ausgestattet. Dann könntet ihr auf Menschen stoßen, die euch die Nummer mit dem technischen Fehler nicht abkaufen: Das wäre schnuppe, wenn ihr diese Nummer in einem Gebäude abzieht, das ihr sowieso nicht wieder betreten möchtet, aber in eurer eigenen

Firma oder eurem Wohnhaus würdet ihr die wildesten Gerüchte über euch in Gang setzen. Noch heikler allerdings ist, dass bei einem stecken gebliebenen Aufzug häufig automatisch der Notdienst verständigt wird. Und ob die Kabine, in der ihr es miteinander treibt, über einen ebenfalls automatisch aktivierten Sprechkontakt verfügt, weißt du vermutlich nicht.

- Eine Alternative: Ihr legt euren Quickie auf eine Uhrzeit, in der eurer Erfahrung nach sonst kein Mensch mit dem Aufzug unterwegs ist, also auf den späten Abend oder den frühen Morgen. Dabei solltet ihr aber immer auch an eventuelles Wach- und Reinigungspersonal denken, das oft genau zu diesen Stunden aktiv ist. Außerdem sollte euch klar sein, dass es ein Restrisiko gibt, weshalb ihr bereit sein solltet, im Fall einer Störung augenblicklich abzubrechen und unschuldig zu tun.

- Vielleicht möchtet ihr den kurzen Aufenthalt im Aufzug auch ausschließlich für das Vorspiel oder allein für den Höhepunkt nutzen. Das Davor oder Danach würde dann woanders stattfinden, zum Beispiel in eurer Wohnung. Je kürzer euer Aufenthalt im Fahrstuhl ist, desto geringer ist auch das Risiko, gestört zu werden.

- Findet heraus, ob euer Aufzug über eine Sicherheitskamera verfügt, was bei neueren Exemplaren vielfach der Fall ist. Wenn ihr eine solche Kamera entdeckt habt, möchtet ihr sie vielleicht besser mit Paketband abkleben, solange ihr in der Kabine aktiv seid.

- Auch akustisch solltet ihr die Art eures Vergnügens nicht erkennen lassen. Verzichtet also auf lautes Stöhnen, das über den Aufzugsschacht ins nächste Stockwerk hallen könnte.

- Wenn ihr unbedingt während einer Aufzugfahrt Sex miteinander haben möchtet, achtet darauf, dass ihr die Kabine nicht zu sehr ins Schaukeln bringt, da sie sonst tatsächlich stecken bleiben könnte.

Für Sex im Aufzug bieten sich besonders Positionen an, bei denen ihr beide steht. Ähnlich wie in der Dusche kann sich die Frau dabei mit dem Oberkörper gegen eine Wand lehnen, was auch optisch reizvoll sein kann, wenn diese Wand verspiegelt ist. Womöglich verfügt der Aufzug in Hüfthöhe auch über einen Metallumlauf, an dem man sich festhalten kann.

Wenn ihr beide beweglich und körperlich fit seid, über einen stabilen Rücken und einen guten Gleichgewichtssinn verfügt, gibt es hier eine Variante zu einer Stellung, die ihr schon vom Kapitel über Sex unter der Dusche kennt: Die Frau lehnt sich mit dem Rücken oder ihr beide mit der Seite gegen eine Wand der Kabine. Dann legt die Frau ihre Arme um die Schultern des Mannes und hebt ein Bein, das sie um seine Hüfte schlingt. Der Mann kann ihr helfen, das Gleichgewicht zu halten, indem er das gehobene Bein am Oberschenkel umfasst. Dann dringt er in sie ein, was ihm umso tiefer gelingt, je höher sie ihr Bein bekommt. Offenkundig sind hier ein kurzer Rock und der Verzicht auf Unterwäsche eine sinnvolle Voraussetzung.

Die zweite Variante ist ganz ähnlich: Hier lehnt der Mann mit dem Rücken an der Kabinenwand, packt seinen Penis aus und die Frau besteigt ihn, wobei sie mit einem Fuß auf dem Boden steht.

Ein solcher Quickie stärkt bei beiden Partnern die Schenkelmuskulatur. Die Frau kann es sich bei den beiden letztgenannten Varianten etwas leichter machen, indem sie mit dem Standbein leicht einknickt. Das verschafft ihr mehr Spielraum bei ihren Bewegungen, ihr Beckenboden kann sich besser entspannen und das Bein, auf dem ihr Gewicht lastet, sollte dann weniger schnell beginnen, vor Anstrengung zu zittern. All diese Erleichterungen zusammengenommen dürften es ihr eher ermöglichen, zum Orgasmus zu kommen.

Die geschilderten Stellungen bieten sich auch deshalb besonders für schnellen Sex an, weil sie nur mit großer Mühe längere Zeit durchzuhalten sind. Irgendwann wird die Anstrengung größer als der Spaß an der Sache, man fängt an, sich an der Wand die Haut aufzuschürfen oder spürt plötzlich einen Krampf. Das ist ein weiterer Grund dafür, den Sex im Aufzug erst zu beginnen, wenn man ohnehin schon hochgradig erregt ist und bis zum Höhepunkt voraussichtlich nicht mehr lange braucht. Spürt man während des Sex, dass die eigene Kondition nicht mehr ausreicht, ist es vermutlich nicht sinnvoll, sich aus falschem Stolz heraus weiterzuquälen. Eher bringt man die Sache dann noch im Aufzug auf andere Weise zu Ende – also indem man sich mit den Händen oder der Zunge den letzten Kick gibt, den man braucht, um zu kommen – oder man sucht sich fürs Finale doch einen gemütlicheren Ort.

Schafft ihr es im Aufzug bis zum Orgasmus, kann es gut sein, dass ihr es spätestens dann nicht mehr schafft, eure Kraft oder euer Gleichgewicht aufrechtzuerhalten. Rechnet also damit, dass ihr umkippt, und versucht, euch abzufangen, damit ihr euch nicht wehtut.

Wie gelangst du in einem Treppenhaus zum Höhepunkt?

Nicht nur für Menschen, die sich mehr bewegen möchten, stellt das Treppenhaus gegenüber dem Aufzug eine bedenkenswerte Alternative dar. Auch für Quickies lässt es sich in vielfacher Hinsicht besser nutzen. Während zum Beispiel nach einem Quickie im Aufzug immer das Risiko besteht, dass jemand eure Kabine überraschend auf sein Stockwerk holt und euch diese Person unweigerlich als Paar wahrnimmt, seid ihr so einer Situation im Treppenhaus nicht ausgeliefert, sondern habt die Freiheit, euch sofort nach dem Quickie voneinander zu trennen, wobei jeder auf einer anderen Etage verschwindet.

Folgende Dinge gibt es hier zu bedenken:

- Gerade in hohen Gebäuden, die über einen Aufzug verfügen, wird das Treppenhaus kaum genutzt. Dort ist die Gefahr also oft geringer, beim Sex ertappt zu werden. Dies gilt insbesondere dann, wenn ihr euch gezielt einen weit oben gelegenen Absatz aussucht, möglichst nah zum Dach. Wenn ihr dann noch eine günstige Uhrzeit auswählt, stehen die Chancen gut, ein paar Minuten ungestört bleiben zu können.

- In einem Treppenhaus lässt sich beim Sex im Stehen auch gut ein Größenunterschied zwischen den Partnern ausgleichen. Der kleinere Partner braucht dann nur eine oder zwei Stufen höher zu steigen, damit sich beide Hüften auf einer Höhe befinden.

- Für die Frau ist es auch viel leichter, ein Bein in die Höhe zu halten, um ihrem Partner ein tieferes Eindringen zu ermöglichen, weil sie dieses Bein jetzt auf dem Treppengeländer ablegen kann.

Folgende Stellungen bieten sich für Sex im Treppenhaus besonders gut an:

- Die Frau steht ein oder zwei Stufen über ihrem männlichen Partner und wendet ihm den Rücken zu. Dann lässt sie sich gegen ihn niedersinken, woraufhin er sie von hinten nimmt.

- Die Frau stützt ihren Oberkörper auf eine der Stufen über ihr und ihr Partner nimmt sie von hinten.

- Ihr habt in der klassischen Missionarsstellung Sex, wobei der Rücken des Partners, der unten liegt, über die Stufen gewölbt ist.

- Die Frau steht ein oder zwei Stufen über ihrem männlichen Partner, wendet ihm den Rücken zu und beugt sich vor oder geht auf die Knie. Daraufhin leckt sie ihr Partner von hinten.

Für welche Stellung ihr euch entscheidet, dürfte auch davon abhängen, wie sicher ihr euch an diesem Ort um diese Zeit fühlen dürft und welche Richtung ihr eher im Blick behalten möchtet, weil von dort am ehesten jemand kommen könnte.

Wie hast du schmutzigen Sex in einer Seitengasse?

Vielleicht möchtet ihr lieber das Gebäude verlassen, um es an der frischen Luft miteinander zu treiben. Die Tipps, die man hier geben kann, sind noch kürzer und knackiger als der Quickie selbst:

- Sämtliche Stellungen, bei denen man in Kontakt mit dem Erdboden kommt, fallen hier eher raus, wenn man sich keine Krankheit einfangen möchte. Berücksichtigt also alle Tipps zu Sex im Stehen auf den vorangegangenen Seiten, denkt aber daran, dass man sich, wenn man gegen eine Hauswand lehnt, leichter die Klamotten ruiniert, als wenn man das in einem Fahrstuhl tut.

- Vielleicht mögt ihr deshalb Kleidungsstücke auswählen, die ohnehin schon abgetragen sind. Der entsprechende schäbige Look kann sich mit dem Seitengassenschauplatz zu einem herben, abgefuckten Gesamterlebnis ergänzen, das für euch vielleicht vor allem dann eine willkommene Abwechslung darstellt, wenn ihr es bisher nur in blütenweißen Laken getan habt.

- Auch hier kann diese Atmosphäre durch ein entsprechendes Rollenspiel verstärkt werden, etwa wenn der Mann seiner Partnerin ins Ohr raunt, sie sei seine kleine Hure. Bonuspunkte gibt es, wenn ihr als Bordsteinschwalbe und Zuhälter zurechtgemacht seid.

- Was die praktische Durchführbarkeit angeht, wäre es vor allem günstig, einen Ort zu finden, der einem gute Deckung bietet, sodass man nicht immer wieder nervös in beide Richtungen der Gasse Ausschau halten muss, ob sich jemand nähert.

- Auch ein Hauseingang kann günstig sein – vor allem wenn sich die Frau am Türrahmen festhalten kann, während sie ihr Partner von hinten nimmt. Sind seine Stöße nicht allzu stark, genügt ihr vielleicht sogar eine Hand zum Festhalten, während sie sich mit der anderen zusätzlich selbst stimuliert.

- Überprüft den Zustand eurer Kleidung besonders gründlich, bevor ihr wieder unter Leute geht.

Wie gehst du in einer Umkleidekabine auf Tuchfühlung?

In der Umkleidekabine eines Kaufhauses einen Quickie zu wagen, ist ein riskantes Unterfangen. Einerseits ist man dort zwar vor den Blicken anderer Menschen geschützt, andererseits kann man sich nie hundertprozentig sicher sein, wie lange das so bleibt. Die folgenden Tipps können hilfreich sein:

- Bevor ihr Sex miteinander habt, macht erst mal eine Generalprobe, bei der ihr zunächst nur miteinander knutscht und dann vielleicht euren Intimbereich mit den Fingern stimuliert. Kann der Mann unter diesen Umständen seine Erektion überhaupt lange genug halten? Wird die Frau feucht genug? Oder flattern euch wegen der Gefahr einer möglichen Störung so sehr die Nerven, dass zumindest einer von euch beiden nicht richtig in Fahrt kommt? Je öfter ihr harmloses Knutschen in einer Umkleidekabine übersteht, ohne dass etwas passiert, desto mehr sollte eure Nervosität sinken – bis ihr es schließlich mit echtem Sex versuchen könnt. Außerdem dienen solche Generalproben dazu, auszutesten, ob ihr in einem bestimmten Geschäft lange genug zusammen in einer Kabine bleiben könnt, ohne dass euch Verkaufspersonal belästigt.

- Es lohnt sich auch, eine ganz spezielle Shoppingtour zu unternehmen und verschiedene Läden daraufhin zu untersuchen, wie sehr die Umkleidekabinen dort eure Intimsphäre schützen. Verfügen die Kabinen über Türen oder nur Vorhänge? Lässt sich ein Vorhang blickdicht schließen? Lassen die Türen von außen eure Füße sehen? Findet ihr vielleicht sogar ein Geschäft mit Umkleidekabinen, die man von innen verschließen kann? Natürlich entscheidet ihr euch zuletzt für das Geschäft, das euch am meisten Schutz bietet.

- Darüber hinaus sind größere Kabinen kleineren vorzuziehen, weil ihr dort mehr Bewegungsfreiheit habt: beispielsweise dafür, dass der Mann eine Frau von hinten nimmt, während sie sich vorbeugt und vielleicht auf einer Sitzbank oder einer Ablage abstützt, über die manche Kabinen verfügen.

- Von einer stabilen Tür einmal abgesehen: Kabinen, die über eine eigene Innendecke verfügen, unterbinden am meisten, dass Geräusche nach außen dringen.

- Sucht euch die Kabine aus, die möglichst weit hinten liegt. Dort schauen die wenigsten Kunden und Verkäufer vorbei.

- Ebenfalls in eure Entscheidung für das passende Geschäft mit einbeziehen solltet ihr, wie stark der Kundenandrang dort zu dem von euch ausgewählten Zeitpunkt ist. Ist das Geschäft zu leer, kommen die Verkäuferinnen aus Langeweile eher auf den Gedanken, öfter mal vorbeizuschauen und ihre Hilfe anzubieten. Wird das Geschäft aber stark frequentiert, ist es wahrscheinlich, dass vor eurer Kabine bald der erste ungeduldige Kunde auftaucht, der irgendwann merken könnte, warum die Kabine einfach nicht frei wird.

- Grundsätzlich sollte derjenige von euch, der die Kabine offiziell in Beschlag nimmt, auch einen Arm Kleidungsstücke mitnehmen, um eine Erklärung dafür anzubieten, dass es so lange dauert. Aufmerksames Verkaufspersonal bekommt allerdings irgendwann mit, wenn jemand die Kabine nicht wieder verlässt, um die anprobierte Garderobe im Spiegel zu betrachten.

- Bevor ihr in der Kabine zur erotischen Tat schreitet, schaut euch erst einmal um, was euch innerhalb dieses Raums nutzen und was euch behindern könnte. Ein Hocker etwa erlaubt euch, Sex nicht nur im Stehen stattfinden zu lassen, sondern auch, dass sich die Frau auf den erigierten Penis des Mannes setzt. Zu einem Plastik-Kleiderhaken an einer Kabinenwand hingegen sollte man Abstand suchen, bevor einer von euch den anderen im sexuellen Rausch mit dem Rücken gegen die entsprechende Wand drückt und dabei den Haken vergisst.

- Allerdings ist es ohnehin nicht empfehlenswert, seinen Partner beim Sex in einer Umkleidekabine gegen eine der Wände zu schleudern: nicht nur, weil Außenstehende das hören könnten, sondern auch, weil die Wände dieser Kabinen nicht immer sonderlich stabil sind.

- Der Fußboden bietet sich in den seltensten Fällen an – selbst dann nicht, wenn die Tür der Kabine keine Aussparung in dieser Höhe besitzt. Diese Böden werden in vielen Geschäften nämlich nur nachlässig gereinigt.

- Wem eine Nummer in der Umkleidekabine eines klassischen Modegeschäftes zu heikel ist, für den könnte die Kabine eines Sexshops reizvoller sein. Die Angestellten dort besitzen eine sehr viel größere Toleranz dafür, dass der Freund einer Kundin mit in die Kabine geht und sich dort anschaut, ob ihr bestimmte Dessous wirklich stehen. Als ich einmal eine gute Freundin bei solchen Einkäufen begleitet habe, sah das so aus, dass der Verkäufer vorn im Ladenraum an der Kasse blieb und wir im hinteren Teil praktisch unbegrenzt Zeit für uns hatten. Ich suchte dann also beispielsweise Reizwäsche aus, die ich meiner Freundin in die Kabine brachte, um mir dort anzuschauen, wie gut sie ihr stand. Wir waren so ungestört, dass wir auch andere Dinge hätten tun können.

- Eine weitere Alternative wäre eine Umkleidekabine im Schwimmbad, wobei dort natürlich eine gänzlich andere Atmosphäre herrscht. In vielen Bädern gibt es geräumige Kabinen, die erstens über eine Sitzbank verfügen, zweitens abschließbar und drittens dafür gedacht sind, dass Familien und Paare sie gemeinsam nutzen. Selbst wenn jemand mitbekommen würde, dass ihr beide halb nackt seid, wäre das in einem Schwimmbad nichts Außergewöhnliches. Allerdings besteht in vielen Bädern nicht dieselbe Gleichgültigkeit wie in dem eben erwähnten Mainzer Sexshop: Manche von ihnen verfügen sogar über Sicherheitspersonal, dessen Mitarbeiter auch mal überprüfen, ob die Kabinen nicht zu Unsittlichkeiten zweckentfremdet werden. Zu Beginn dieses Ratgebers hatte ich ja bereits ein Paar erwähnt, das wegen des Übertretens dieses Gebots Hausverbot erhielt. Auch hier ist es ratsam, sich zunächst über die Gepflogenheiten des betreffenden Schwimmbads zu informieren und die Hausordnung querzulesen.

Wie hast du spritzigen Sex im Schwimmbad oder im Baggersee?

Sex im Wasser stellt für viele Menschen eine besondere Verlockung dar: Muss es nicht toll sein, sich zu lieben, während man sich nahezu schwerelos fühlt? Darüber hinaus sind Schwimmbäder und Baggerseen einladende Orte, weil es dort viel nackte Haut und ansprechende Körper zu sehen gibt und man sich in einer unbeschwerten Urlaubs- oder Wochenendstimmung befindet, in der man experimentierfreudiger ist als im tristen Alltag. Aber wie toll ist Sex in einem Pool oder einem See wirklich und was kann man tun, dass es zu einem tollen Erlebnis wird statt zu einer Erfahrung, die man später bereut?

Die folgenden Dinge solltest du hierüber wissen:

- Wenn man Ratgeber oder Artikel zu diesem Thema liest, wird man oft zunächst einmal abgeschreckt: Es wird beschrieben, all diese Gewässer – ob natürlich oder künstlich – wimmelten nur so vor Bakterien, die beim Sex freie Bahn in Harnröhre und Scheide hätten und sich dort leicht vermehren könnten, um zu lästigen Pilzinfektionen zu führen. Solche Sorgen dürften allerdings übertrieben sein, erklärt

Courtney Benedict, stellvertretende Direktorin für die Umsetzung medizinischer Standards bei der Planned Parenthood Federation of America: »Es gibt zwar sicherlich wasserbürtige bakterielle Infektionen und Krankheiten, aber es ist sehr unwahrscheinlich, dass diese Infektionen durch die Vagina, den Penis oder das Rektum übertragen werden. Diese Infektionen werden häufiger durch den Mund oder die Haut erworben.« Auch Umweltverschmutzung sei nicht so gefährlich, wie mancher denke: »Es gibt keine Anzeichen dafür, dass die Wahrscheinlichkeit einer bakteriellen Infektion der Vagina, des Penis oder des Rektums umso höher ist, je stärker verschmutzt oder verunreinigt ein Gewässer ist.« Problematisch sei allenfalls, dass Wasser die natürliche Feuchtigkeit der Scheide senke, was die Haut beim Sex reizen und das Gleichgewicht der guten Bakterien auf der Haut und in der Vagina verändern könne. »Dies kann zu einem Überwuchern von Hefe oder anderen normalen Vaginalbakterien führen und Symptome wie anormalen Ausfluss oder Juckreiz verursachen.« Duschen nach dem Sex im Wasser und vielleicht ein Beratungsgespräch beim

Frauenarzt sei vor diesem Hintergrund nicht verkehrt.[14]

- Wenn euch Sex im Wasser dieses kleine gesundheitliche Risiko wert ist, bleibt die Frage des Wann und Wo. Grundsätzlich ist es klug, für eine solche Aktion einen heißen Hochsommertag auszuwählen. Das hat den Vorteil, dass auch das Wasser angenehm warm ist. Niedrige Wassertemperaturen haben einen ungünstigen Einfluss auf die Bereitschaft des Penis, sich ordentlich auszudehnen.

- Ein weiterer Faktor bei eurer Entscheidung ist, dass ihr nicht beim Sex erwischt werden möchtet. Hier gilt es abzuwägen: Besonders leer sind Schwimmbäder werktags. Ebenfalls unter sich bleibt man, wenn man bei tollem Sommerwetter ein Hallenbad aufsucht. Das hat den Vorteil, dass man von anderen Besuchern nicht so leicht erwischt wird – dafür ist allerdings auch der Bademeister nicht anderweitig abgelenkt und könnte eher auf euer Treiben aufmerksam werden. Denkt daran, dass der Bademeister die Pools inzwischen häufig per

Kamera überwacht. Nehmt eure Umgebung genau in Augenschein: Findet ihr eine Ecke, in der ihr vor dieser Überwachung geschützt seid?

- Eine clevere Idee könnte es sein, sich in einem Whirlpool miteinander zu vergnügen. Die aufsteigenden Blasen verdecken dort, was unter der Wasseroberfläche geschieht. Allerdings blubbert das Wasser eines Whirlpools nicht ununterbrochen, sondern bricht irgendwann ab. Schlau ist es also, abzuwarten und das eigene Liebesspiel zeitgleich mit einer neuen Sprudelphase zu beginnen und es dann nicht allzu lang zu strecken. Beispielsweise könnte die Frau im Schoß des Mannes Platz nehmen und scheinbar lässig mit ihm plaudern, während er unter Wasser heimlich in sie eindringt. Ab dann wird ein spannendes Spiel daraus, sich möglichst wenig anmerken zu lassen.

- Kein guter Schauplatz sind die Grotten von Thermalbädern. Diese Orte werden besonders stark von Kameras überwacht, die sich oft sogar unter Wasser befinden.

Kommen wir von der Frage, wie ihr am ehesten sicherstellt, nicht entdeckt zu werden, zu der Frage, wie ihr dafür sorgt, dass der Quickie auch lustvoll wird:

- Das fast schwebende Gefühl, das ihr von Sex im Wasser erwartet, kann auch dazu führen, dass ihr euren festen Stand verliert und abrutscht. Das wäre noch egal, wenn ihr dabei höchstens Wasser schluckt, aber ihr könntet auch stürzen und euch verletzen. Verzichtet also besser auf gewagten und heftigen Sex und bleibt auf einem Terrain, wo ihr gut klarkommt. Vielleicht möchte auch mindestens einer von euch sicherheitshalber Wasserschuhe mit rutschfesten Sohlen tragen, die in Seen überdies vor Verletzungen durch scharfkantige Steine schützen.

- Im Wasser ist es für einen Mann nicht leichter, sondern schwerer, in die Scheide oder den Hintern seiner Partnerin einzudringen: Das vorhandene Wasser muss nämlich erst verdrängt werden. Deswegen kommt er um etwas Druck nicht herum.

- Die Angelegenheit wird dadurch knifflig, dass der Mann beim Eindringen trotzdem sehr vorsichtig sein sollte. Da das Wasser nämlich das Scheidensekret wegspült, das normalerweise als natürliches Gleitmittel dient, könnten die empfindlichen Schleimhäute in der Vagina sonst verletzt werden. Der Mann steht also vor der Herausforderung, druckvoll und sensibel zugleich eindringen zu müssen. Wenn euch das zu heikel ist, solltet ihr vielleicht doch lieber an Land bleiben.

- Nicht weniger knifflig ist es, sich im Wasser ein Kondom überzustreifen. Das ist kaum zu schaffen, ohne dass sich zumindest ein wenig Wasser in dem Kondom sammelt, was das Risiko erhöht, dass es vom Penis abrutscht. Eine Lösung liegt nahe: Man streift das Gummi über, solange man sich noch nicht im Wasser befindet. Aber da ein Penis nicht gleichbleibend prall bleibt, kann danach beim Eintauchen in den See oder Pool bereits wieder Wasser an den Seiten eindringen. Außerdem wird auch das Gleitmittel des Kondoms vom Wasser abgewaschen. Eine alternative Form der Verhütung zur Sicherheit wäre also nicht verkehrt.

- Französisch unter Wasser könnt ihr gern ausprobieren, aber ihr dürftet schnell feststellen, dass ihr auch in diesem Fall schneller das Wasser im Mund habt als die Geschlechtsorgane eures Partners.

- Womöglich stellst du inzwischen frustriert fest, dass bei Sex im Wasser in der Wirklichkeit im Gegensatz zur Fantasie die Nachteile überwiegen. In diesem Fall kann ich nur einen Tipp wiederholen, den ich schon bei anderen Quickies gegeben habe: Sex im Wasser muss nicht unbedingt Geschlechtsverkehr im Wasser bedeuten. Ihr könnt dort auch weniger weit gehende Liebesspiele bis hin zu gegenseitigem Fingern und Masturbieren stattfinden lassen oder euch lediglich in Stimmung bringen, worauf ihr euren Orgasmus erst habt, wenn ihr auf festen Boden zurückgekehrt seid.

Wie hast du wildromantischen Sex am Strand?

Sich vor Lust in den Armen eines begehrten Menschen zu winden, während dicht neben einem der Ozean braust und die Wellen heranbranden: Für viele ist diese

Vorstellung der Inbegriff exotischer Leidenschaft und Romantik. Der Film »Verdammt in alle Ewigkeit« hat eine entsprechende Szene mit Burt Lancaster und Deborah Kerr sogar zu einem der großen Momente der Kinogeschichte gemacht.

Alles wirklichkeitsfremdes Zeug, wenden manche ein, die versucht haben, so etwas selbst zu bewerkstelligen und stattdessen erleben mussten, dass der Sand des Strandes in jede ihrer Körperöffnungen eindrang, sodass sie sich auch drei Tage später noch nicht vollends davon hatten befreien können. Dabei ist das nur eines der zahlreichen Probleme, die Sex am Strand mit sich bringen kann, wenn man nicht gut vorbereitet ist.

An folgende Dinge solltest du denken, bevor du dich auf dieses Abenteuer einlässt:

- Informiere dich rechtzeitig darüber, wann an dem fraglichen Strand Ebbe und wann Flut herrscht, um das in die Planung eures Liebesspiels mit einzubeziehen.

- Checke vorab, ob der Bereich des Strandes, den du ins Auge gefasst hast, sauber genug ist oder ob dort achtlos weggeworfener Müll herumliegt, der jede sinnliche Atmosphäre ruinieren würde.

- Schaue auch, ob an dieser Stelle störende Meeresbewohner wie Krabben ihr Unwesen treiben.

- Vergesst vor lauter Lust aufeinander nicht, euch zum Schutz vor Sonnenbrand ordentlich einzucremen. Besonders gefährdet sind die nicht an Sonne gewöhnten Brüste und ihre Nippel. Denkt daran, dass Sonnenschutzmittel etwa eine halbe Stunde brauchen, um zu wirken.

- Ihr könnt euch stattdessen auch mit einem Sonnenschirm behelfen. Der spendet nicht nur Schatten, sondern auch guten Sichtschutz, wenn man ihn geschickt aufstellt.

- Wähle am besten ein wenig Distanz zu den heranbrandenden Wellen. Ihr Klang mag stimulierend sein, aber der Kontakt mit ihnen kann einen eher ablenken: zumal das Seewasser Bakterien in Vagina und Harntrakt schwemmen kann.

- Behaltet eure Kleidungsstücke und Wertsachen so in eurer Nähe, dass sie euch niemand mopsen kann, selbst wenn eure Aufmerksamkeit zu sehr auf euch selbst gerichtet ist, als dass ihr noch darauf achten könntet.

- Damit eure Körper vor dem Sand geschützt sind, benötigt ihr als Unterlage mindestens ein wirklich großes Handtuch oder einen vergleichbaren Ersatz (etwa eine Picknickdecke oder ein Bettlaken). Eine Luftmatratze ist – wenn ihr keine besonders große und stabile Ausführung kauft – viel zu schmal für zwei Personen. Knie und Arme sinken beim Abstützen bis auf den Boden durch und das Becken der unten liegenden Frau rutscht bei jedem Stoß ihres Partners weg.

- Ihr habt gerade kein Handtuch greifbar? Dann entscheidet euch beim Sex für eine Position, bei der euer Schoß nicht mit dem Sand in Kontakt kommt. Insbesondere die Hündchenstellung (sie auf allen vieren, er nimmt sie von hinten) bietet sich an. Ihr könnt aber auch Sex im Stehen haben, wobei sich einer von euch gegen einen Felsen oder eine Palme lehnt.

- Da ihr euch beim Sex vermutlich stark bewegt, statt nur reglos dazuliegen, kann es sein, dass es trotz Handtuch zu Kontakt mit Sand kommt. Landet dieser Sand in eurem Unterleib, kann er zu Schmerzen in euren Geschlechtsorganen führen. Es können dort auch winzige Verletzungen entstehen, die wiederum das Risiko sexuell übertragbarer Krankheiten erhöhen. Davor könnt ihr euch schützen, wenn ihr nach dem Sex gründlich duscht und euch den Sand mit feuchten Tüchern abwischt.

- Ihr könnt auch einen Zeitpunkt abwarten, wenn Ebbe herrscht, und euch einen Ort suchen, wo der Sand nass ist und fest zusammenpappt. Auch das stellt einen gewissen Schutz dagegen dar, dass Sandkörner an die falschen Stellen wandern.

- Der Gebrauch von Kondomen ist am Meeresstrand noch heikler als am Swimmingpool. Auch hier kommt wieder der Faktor Sand störend hinzu, der Kondome nicht nur rissig werden lässt, sondern den Sex für dessen Träger zur Tortur werden lässt, wenn er erst mal in ein Kondom hineingelangt ist. Bleibt der Sand hingegen außen am Kondom kleben, wird die Frau beim Sex wundgescheuert.

- Nach all diesen Hinweisen auf störenden Sand könntet ihr euch auch überlegen, es in einem Strandkorb miteinander zu tun. Am ehesten bietet sich hier an, dass die Frau auf ihrem Partner sitzt, wenn er in sie eindringt, wobei die beiden einander ansehen oder auf den Strand und das Meer schauen können. Beide Variationen können ja einen berauschenden Anblick bieten.

Was ist, wenn ihr auf die Idee kommt, Sex in den Fluten des Ozeans zu haben? Dann gilt zunächst einmal vieles von dem, was ich zu Sex im Wasser allgemein erklärt habe. Außerdem solltest du über folgende Dinge nachdenken:

- Ihr solltet euch vorab über die Stelle kundig gemacht haben, wo ihr es tun möchtet. Wie weit müsst ihr hinausgehen, damit ihr unterhalb der Taille nicht mehr zu sehen seid? Wo lauern Untiefen, Felsen als Stolperfallen oder aggressives Getier?

- Bereitet euch darauf vor, dass der Sex auch enttäuschend sein kann: Das Salz des Meerwassers trocknet die Haut einschließlich der Schleimhäute aus und kann zusammen mit den Spuren von Sand, die auch das Wasser enthält, zu stechenden Schmerzen vor allem bei den weiblichen Geschlechtsorganen führen. Einmal mehr zeigt sich hier, dass die Umsetzung des Quickies nicht so toll ist wie die Vorstellung davon, weshalb es auch hier vielleicht die beste Idee ist, sich im Meer Appetit zu holen, der dann an Land befriedigt wird.

Wie hast du einen rasanten Quickie im Auto?

In der im Vorwort dieses Ratgebers zitierten Umfrage zeigte sich: Das Auto stellt die beliebteste Gelegenheit für einen Quickie dar. Das ist nachvollziehbar: Man kann hier an den unterschiedlichsten Orten Sex miteinander haben, dabei befindet man sich in der Öffentlichkeit und in einem eigenen geschützten Raum zugleich. Oft bietet das Auto auch schlicht eine naheliegende Gelegenheit, zum Beispiel auf der Heimfahrt von einer Party oder einem Besuch im Club, der einen erotisch in Stimmung gebracht hat.

Zugleich stellt der Innenraum eines Wagens aber auch eine Herausforderung für solche Dinge dar, denn er ist eigentlich nicht für Sex gedacht. Überall scheint etwas im Weg zu sein – ob es eine Sitzlehne, die Handbremse, die Gangschaltung oder das Steuerrad ist. Und vor den Blicken fremder Leute geschützt ist man in einem Auto zunächst einmal auch nicht.

Folgende Dinge können hilfreich sein, wenn du gern einen Quickie im Auto hast:

- Dass ihr keine ablenkenden Zärtlichkeiten während der Fahrt austauscht, sollte zunächst einmal selbstverständlich sein. Ihr würdet euch damit wegen Gefährdung des Straßenverkehrs vermutlich auch strafbar machen. Allenfalls könnt ihr euch mit Dirty Talk und leichten Berührungen schon mal in Stimmung bringen.

- Jeder, der beim Sex sicher von etwaigen Passanten unentdeckt bleiben möchte, sollte an einer wirklich abgelegenen oder aus anderen Gründen verlassenen Stelle parken: etwa nach 20 Uhr oder sonntags auf dem Parkplatz eines geschlossenen Supermarkts. Parkhäuser sind nicht ideal, weil sie oft videoüberwacht sind und man nie sicher sein kann, ob nicht irgendein Spätheimkehrer direkt neben einem anhält. Schon dass man in dieser Hinsicht ständig die Augen offen halten muss, kann den Genuss am Sex beeinträchtigen. Draußen ist strömender Regen günstig – oder winterliche Kälte, bei der die Autoscheiben beschlagen.

- Wenn ihr nicht auf euch aufmerksam machen möchtet, solltet ihr bei allem, was ihr tut, auf einen Sicherheitsabstand zur Autohupe achten.

- Für viele Menschen stellt Sex in der Autowaschanlage eine heiße Fantasie dar. Lässt sie sich verwirklichen? Das findest du am leichtesten heraus, wenn du bei der nächsten Autowäsche einmal überprüfst, wie viel Zeit ihr für einen Luxus-Waschgang mit allen angebotenen Extras wie etwa Unterbodenwäsche und Heißwachs hättet. Reicht euch das? Dann fahre das nächste Mal gemeinsam mit deinem Partner in die Anlage hinein. Sobald ihr die Trockendüsen ertönen hört, wisst ihr, dass ihr zum Abschluss gelangen solltet.

- Wie so oft beim Quickie kann gründliche Vorbereitung dazu beitragen, aus spontaner

Lust ein befriedigendes Erlebnis erwachsen zu lassen. So könntest du immer mit erotisch ansprechender Musik ausgestattet sein und dafür sorgen, dass der Innenraum deines Wagens nicht mit allem möglichen Plunder vollgemüllt ist, den ihr erst mal aufwendig beiseiteräumen müsstet, um euch Platz zu verschaffen und eine anregende Atmosphäre genießen zu können.

Damit kommen wir zu einer zentralen Frage bei diesem Thema: In welchen Stellungen ist lustvoller Sex in einem Auto überhaupt möglich? Natürlich hängt das stark von der Größe des betreffenden Wagens ab und was sich mit seinen Sitzen und Sitzlehnen alles anstellen lässt und was nicht. Auch eure eigene Körpergröße spielt natürlich eine Rolle. Ihr müsstet also vermutlich ein bisschen experimentieren, um herauszufinden, was ihr so machen könnt, ohne dass einer von euch mit dem Kopf ans Wagendach stößt. Im Idealfall sollten folgende Manöver und Positionen machbar sein:

- Ihr tut das, was ihr sonst tut, um einen großen sperrigen Gegenstand zu transportieren: die Rücksitze nach vorn umklappen, um den (vorher geleerten) Kofferraum mit in eure Planung einzubeziehen. So könnt ihr in einer ganzen Bandbreite von Stellungen Sex haben.

- Ihr schiebt die vorderen Sitze nach vorn, worauf sich der Mann auf die Rückbank legt und die Frau zurückgelehnt auf ihm reitet.

- Ihr habt in der Löffelchenstellung Sex auf der Rückbank.

- Ihr liegt beide so aufeinander auf der Rückbank, dass jeder von euch seinen Kopf im Schoß des anderen hat und ihn mit dem Mund befriedigen kann. Der Partner, der unten liegt, kann ein Bein auf den Boden stellen.

- Wenn die Frau klein genug ist, kann sie den Mann besteigen, der auf einem nach hinten geneigten Vordersitz liegt. Dabei müsste sie das linke Bein anwinkeln und das rechte über die Mittelkonsole strecken. Der Beifahrersitz dürfte sich für diese Stellung eher anbieten, da die Frau dort nicht das Steuer im Kreuz hat.

- Der Mann liegt auf einem nach hinten geneigten Vordersitz und seine Partnerin steigt auf ihn, aber diesmal sehen beide nach vorn. Sie stützt ihre Ellbogen auf den Sitz, winkelt ihre Beine ein wenig an und legt ihre Füße auf den Schienbeinen ihres Lovers ab, während er ihre Hüfte hält, um sanft in sie einzudringen.

- Der Mann kniet mit je einem Bein auf einem der beiden Vordersitze und führt seinen Penis durch die Lücke zwischen den beiden Sitzen nach hinten, wo seine Partnerin wartet, um ihn entweder mit dem Mund zu verwöhnen oder um ihm ihren Hintern hinzuhalten, während sie auf den Rücksitzen kniet.

Leider besteht bei vielen dieser Stellungen das Risiko kleiner Blessuren in Form von Verrenkungen, Quetschungen und blauen Flecken. Das ist bei dem engen Raum kaum zu vermeiden: Gemütlich ist Sex im Auto nur selten. Hier solltet ihr einfach eine sportliche Einstellung bewahren und hinnehmen, dass leichte Läsionen nun mal dazugehören können – oder den Sex auf der Motorhaube stattfinden lassen. Dabei helfen die folgenden Tipps:

- Bei Sex auf der Motorhaube habt ihr zwar mehr Bewegungsfreiheit, trotzdem kann er aus mehreren Gründen problematisch sein: Autoblech trägt nicht immer das Gewicht von einer oder sogar zwei Personen, ohne einzudellen. Bevor ihr eine Motorhaube mit eurem Körpergewicht belastet, solltet ihr vorsichtig überprüfen, wie leicht ihr Blech nachgibt und ob es sich wieder zurückbeult. Andernfalls könnte euer Quickie bleibenden Schaden verursachen.

- Eine eingeschaltete Alarmanlage lockt noch mehr Schaulustige an als eine Hupe.

- Ihr solltet euch nicht vor lauter Lust aufeinander direkt nach dem Anhalten mit nackter Haut auf die Motorhaube lehnen, denn sie ist dann womöglich noch heißer als ihr zwei.

- Nehmt vor dem Sex auf der Motorhaube besser alles ab, was den Lack zerkratzen könnte, also Schmuck, Gürtel, Nieten und gegebenenfalls Schuhe mit spitzen oder kantigen Absätzen.

Unter diesen Bedingungen sind auf der Motorhaube

folgende Positionen möglich:

- Die Frau lehnt sich auf der Haube zurück und stützt sich mit den Armen ab. Ihre Füße stehen auf der Stoßstange, ruhen auf den Schultern ihres Lovers oder sie hat ihre Beine um den Unterkörper ihres Partners geschlungen, der in sie eindringt. Mit den Füßen auf den Schultern ihres Partners hat sie weniger Kontrolle über die Stöße ihres Partners, dafür kann der tiefer in sie eindringen.

- Die Frau steht vor dem Wagen und beugt sich bäuchlings über die Motorhaube, wobei sie sich leicht abstützt. Ihr Partner nimmt sie von hinten, während er ihre Schenkel in die Höhe hält. Das erfordert Kraft und Ausdauer.

- Wenn die Motorhaube wirklich stabil ist, kann die Frau darauf knien und sich am Wagendach abstützen. Ihr Lover kniet hinter ihr und dringt so in sie ein. Dabei solltet ihr allzu heftige Bewegungen vermeiden, um nicht abzurutschen und auf die Windschutzscheibe zu fallen, die dadurch leicht splittern könnte.

Wie hast du einen romantischen Quickie im Wald?

Auch ein Spaziergang im Wald kann einen auf romantische Gedanken bringen oder eine Verbundenheit mit der Natur zum Leben erwecken, die bald im ebenso romantischen und naturverbundenen Quickie mündet. Hier im Forst ist man schließlich zugleich an der belebenden frischen Luft und ungestört.

Das hier sind die wesentlichen Dinge, an die ihr dabei denken solltet:

- Es ist allzu nachlässig, sich nur wenige Meter abseits vom Weg eine Liebesstätte zu suchen. Das bietet einem nicht die nötige Sicherheit, wirklich unentdeckt zu bleiben. Geht lieber ein gutes Stück tiefer in den Wald hinein, wobei ihr versuchen solltet, kein Wild aufzustören oder abgeknickte Äste und andere unschöne Spuren zu hinterlassen. Ein allzu unbekümmertes Eindringen tut dem Wald nicht gut. Vor allem solltet ihr euch von eingezäunten Bereichen und Naturschutzgebieten fernhalten – und nicht ausgerechnet zur Jagdzeit durch das Unterholz tappen. Für eure Mühe werdet ihr mit einem fast unberührten Flecken Natur belohnt, was bedeutet, dass dort auch keine Glasscherben und anderer Abfall die Stimmung verderben, die man oft in der Nähe von Grillplätzen und anderen Begegnungsstätten findet. Im Gegenzug solltet ihr diesen idyllischen Flecken so verlassen, wie ihr ihn vorgefunden habt. Eventuellen Müll an Ort und Stelle zu verscharren, statt ihn mitzunehmen, wäre falsch. Vor allem gebrauchte Kondome werden von neugierigen Tieren rasch gewittert und wieder ausgebuddelt.

- Dafür kann man auf Ameisen oder spitze Tannennadeln stoßen, die einem den Spaß zu verleiden trachten. Was hilft? Nicht ausgerechnet unter einer Tanne oder Fichte lagern, den Waldboden gründlich in Augenschein nehmen, bevor ihr euch dort niederlasst, und nach Möglichkeit eine dicke, große Decke als Unterlage mitnehmen. Wer ihr das versäumt habt, könnt ihr euch entweder mit Sex in der Hündchenstellung behelfen, bei der ihr Kontakt mit dem Erdboden so weit wie möglich vermeidet, oder es einfach akzeptieren, dass ihr Blätter, Rinde und Insekten unter eurer Haut spürt. Wenn euch hygienischer Sex lieber gewesen wäre, hättet ihr schließlich auch zu Hause bleiben können.

- Solange ihr keine SM-Anhänger seid, wäre euch der Spaß am Sex spätestens dann verleidet, wenn einer von euch in einen Strauch Brennnesseln stolpert. Das Jucken und Stechen hält zwar nicht lange an, aber für den Moment ist es sehr unangenehm. Die wichtigsten Tipps lauten hier: Statt die juckende Stelle zu kratzen (das verschlimmert das Problem nur), solltet ihr sie mit Wasser kühlen. Auch Gels gegen Insektenstiche helfen.

- Bevor ihr euch bei einem Waldbesuch aufeinander stürzt, empfiehlt es sich, einen Moment innezuhalten und einfach nur eurer Umgebung zu lauschen. Nicht weil das so eine tolle meditative Gelegenheit ist, um noch mehr in der Natur aufzugehen, sondern weil ihr erst dann ausreichende Gewissheit habt, allein zu sein und nicht beispielsweise von Pfadfindern, Life-Rollenspielern, Holzfällern oder Pilzsammlern gestört zu werden. Haltet soweit möglich auch später immer ein wenig die Ohren offen.

- Der günstigste Zeitpunkt, um im Wald allein zu sein, sind die Mittagsstunden an einem Wochentag. Da sind die morgendlichen Jogger durch und die Spaziergänger und spielenden Kinder noch nicht unterwegs.

- Ungestört und geschützt vor dem Dreck eines Waldbodens wärt ihr theoretisch auch auf einem Hochsitz: Bevor jemand dort oben ist, habt ihr ihn längst kommen hören und euch eure Kleidung wieder übergestreift. Allerdings muss ich als Mitglied der Jagdgenossenschaft meines Heimatortes darauf hinweisen, dass das Landeswaldgesetz das Besteigen fremder Hochsitze verbietet. Sie gehören dem Revierinhaber, nicht der Allgemeinheit. Vielleicht sagt ihr euch, dass euch schon niemand anzeigen wird, nur weil er euch dabei ertappt, wie ihr euch von einem guten Aussichtspunkt »die Gegend anschauen wollt«. Ich war selbst schon auf mehreren Hochsitzen, ohne mir über eine solche Anzeige Gedanken zu machen. Daher weiß ich aber auch, dass der eigentliche Knackpunkt woanders liegt: Viele Hochsitze werden kaum instand gehalten, sondern rotten bei Sonne, Regen und Schnee im Lauf der Jahrzehnte vor sich hin. Wenn also einer von euch durch das morsche Holz bricht und abstürzt, könnt ihr niemanden für den entstandenen Schaden haftbar machen, weil ihr euch einer »widerrechtlichen Nutzung« schuldig gemacht habt. Der Eigentümer eines Hochsitzes braucht noch nicht einmal Warnschilder anzubringen.

Kommen wir abschließend zu dem vielleicht größten Ärgernis im Zusammenhang mit Sex im Wald: Insektenstiche und vor allem Zecken. Da Letztere eine Hirnhautentzündung hervorrufen können, ist Sorgsamkeit hier besonders wichtig.

Zecken warten vom Frühling bis in den Herbst hinein auf ihre Opfer. Manchmal lassen sie sich kamikazemäßig auf die Wesen fallen, von deren Blut sie sich ernähren, aber weit häufiger lauern sie im Gras, Gebüsch oder Unterholz, um sich dort versehentlich von jemandem abstreifen zu lassen, der nicht gut genug aufpasst. Dabei gehen sie stark nach Körpertemperatur und Geruch und bevorzugen vor allem schwitzige Stellen.

Wie könnt ihr euch vor diesen Viechern schützen?

- Lasst euch gegen Zeckenbisse impfen und diese Impfung immer wieder auffrischen.

- Ihr könnt euch mit Zeckenspray einsprühen, bevor ihr aufbrecht: Allerdings fühlt sich dieses Spray auf der Haut nicht sonderlich angenehm an, weshalb es euer sinnliches Erlebnis beeinträchtigen könnte.

- Geht nach eurer Rückkehr aus dem Wald gemeinsam duschen und sucht dabei eure Körper gegenseitig gründlich ab, um gefundene Zecken zu entfernen, bevor sie sich festgesaugt haben. Gute Erfahrungen habe ich mit sogenannten Zeckenkarten gemacht: Plastikkarten mit einer oder mehreren Spalten unterschiedlicher Größe, mit denen man eine Zecke behutsam packen und vorsichtig aus der Haut ziehen kann. Solche Karten gibt es in Apotheken und Drogerien. Von sogenannten »Geheimtipps« (Zecken beim Herausziehen drehen, Zecken vorher mit Leim oder Öl ersticken) ist abzuraten.

- Wenn das Herausziehen verunglückt und ein Teil der Zecke stecken bleibt, wartet ein paar

Tage ab. Entweder wird dieser Teil von selbst abgestoßen oder die Stelle schwillt an und wird heiß und rot. Dann müsst ihr zum Arzt.

Vor Insektenstichen schützt ihr euch, indem ihr statt Parfüm (lockt die Tiere an) eine Anti-Mücken-Lotion auftragt. Wenn euch die Biester trotzdem piesacken, könnt ihr die Stiche mit Insektengels lindern, die ihr in der Apotheke erhaltet. Auch hier gilt: Juckende Stellen nicht kratzen. Sollte ein Stachel stecken geblieben sein, zieht ihn vorsichtig heraus.

Wie kommst du beim Camping auf Touren?

Allein mit seinem Partner zelten, um sich herum die Geräusche der Natur, über sich die Sterne und vor sich ein prasselndes Feuer: Wer sollte da keine Lust darauf entwickeln, mit seinem Liebsten ein wenig zu kuscheln … oder mehr? Ja, auch ein Campingurlaub kann die Leidenschaft wecken. Damit alles rund läuft, gibt es aber auch hier ein paar Dinge, die ihr am besten von Anfang an bedenkt.

- Sobald ihr nur ein bisschen mehr Platz für euer Liebesspiel benötigt, wird ein Zweimannzelt nicht mehr ausreichen. Besorgt euch besser eines für vier Personen, damit ihr nicht nur in der Löffelchenstellung Sex haben könnt.

- Was du zu Sex am Strand gelernt hast, gilt auch hier: Besorgt euch eine besonders große, gut gepolsterte Luftmatratze, damit der Sex nicht zum Fiasko wird.

- Allerdings geben Luftmatratzen, wenn sie rhythmisch beansprucht werden, gern verräterische Quietschgeräusche ab. Ähnliches gilt für nackte Haut, die an Gummi schubbert. Dagegen, dass ihr aufgrund solcher eindeutiger Laute von Zeltnachbarn zweideutig angegrinst werdet, schützt ein Baumwolllaken auf der Luftmatratze oder eine Isomatte.

- Ihr möchtet euch lieber mit zwei Schlafsäcken ausrüsten? Dann denkt daran, dass sie üblicherweise so beschaffen sind, dass sie Körperwärme innen halten, statt sie nach außen abzugeben. Das bedeutet, dass es nach dem Sex wirklich unangenehm darin werden kann. Cleverer ist es, beide Schlafsäcke so weit wie möglich zu öffnen und den einen als Unterlage und den anderen zum Zudecken zu benutzen.

- Solang ihr nicht völlig allein, sondern zum Beispiel auf einem Campingplatz zeltet, bemüht ihr euch natürlich, beim Sex möglichst leise zu sein. Nachts sind Zelte allerdings extrem hellhörig. Sucht euch am besten von Anfang an einen möglichst abgelegenen Aufstellplatz für euer Zelt. Außerdem könnt ihr unvermeidbare Lustgeräusche zum Beispiel mit einem kleinen Bluetooth-Lautsprecher übertönen.

- Verräterisch können auch eure Silhouetten im Lichtschein sein, die man durch die Zeltwand hindurch erkennen kann. Verwendet deshalb besser nur sehr gedämpftes Licht, wenn ihr Sex habt, etwa eine Taschenlampe in einem Schlafsackbeutel.

- Es kann ratsam sein, ein Kondom zu benutzen, auch wenn ihr weder verhüten möchtet noch die Gefahr einer sexuell übertragbaren Krankheit besteht. Ein Kondom stellt nämlich sicher, dass kein Sperma auf der Unterlage landet. Man braucht es nach dem Sex nur zusammenzuknoten. Als Schutz eurer teuren Ausrüstung vor anderen Körperflüssigkeiten (oder Gleitmitteln und Ölen) kann eine dünne Decke dienen.

- Wenn ihr euch für ein geräumiges Zelt entschieden habt, könnt ihr eine besonders lustvolle Position beim Sex ausprobieren. Dazu legt ihr einen Schlafsack als Unterlage aus und rollt den zweiten darauf als Kissen zusammen. Schiebt diesen Schlafsack unter die Hüften des weiblichen Partners. Egal ob die Frau hier mit dem Gesicht nach oben oder nach unten liegt – der zeltförmige Winkel ermöglicht dem Mann jetzt einen leichten Zugang und ein besonders tiefes Eindringen.

- Nach dem Sex wischt ihr euch den Schweiß am besten mit feuchten Tüchern ab, die ihr zusammen mit den Kondomen und anderen Einweg-Accessoires (beispielsweise Lecktücher) in eine bereitgelegte, blickdichte Plastiktüte steckt, die ihr später diskret zusammen mit eurem anderen Müll entsorgt.

Wie hast du heißen Sex in einer Sauna?

Es ist kein Wunder, dass es sich auch bei der Sauna um einen Ort handelt, der das Entstehen sexueller Lust begünstigt. Die hohen Temperaturen bringen den Kreislauf in Fahrt, das Herz schlägt schneller und die Adern weiten sich, sodass jeder Teil des Körpers gut durchblutet wird. Gleichzeitig sieht man nackte und feuchte Haut um sich herum, sodass diese gesteigerten körperlichen Aktivitäten schnell in sexuelle Erregung umschlagen können. Wenn dann noch beim Aufguss der Duft ätherischer Öle nach Sandelholz, Ingwer oder Vanille durch den Raum zieht, wird der erotische Appetit schnell geweckt.

Dabei gelten in der Sauna allerdings dieselben Regeln wie zum Beispiel in Schwimmbädern: Dass zwei Menschen dieser entfachten Lust nachgeben und sich miteinander zu vergnügen beginnen, wird nicht gern gesehen. Manche Hausordnungen verbieten Sex sogar ausdrücklich – vermutlich weil der Betreiber einer Sauna sich darüber im Klaren ist, wie oft dort Sex stattfände, wenn er nicht explizit untersagt wäre.

Welche Ratschläge könnten nun hilfreich sein, wenn ihr ein solches Verbot gern umgehen möchtet?

- Tut es in nicht in eurer Lieblingssauna, sondern

dort, wo ihr im Zweifelsfall ein Hausverbot gut hinnehmen könnt. Vielleicht möchtet ihr ja mal verschiedene Saunen ausprobieren und auf diese Weise eine finden, in der ein geringes Risiko besteht: zum Beispiel weil ihr dort außerhalb der Stoßzeiten so gut wie allein seid und das Personal die Räume kaum kontrolliert.

- Wenn ihr einen Raum nur für euch erobert habt, zieht euch dort in eine Ecke zurück, die durch kein Fenster von außen einsehbar ist.

- Besonders günstig für erotische Techtelmechtel ist eine Dampfsauna. Dort sind die Schwaden derart dicht, dass man gerade mal die Hand vor Augen sieht. Selbst wenn sich jemand anderes mit euch im selben Raum befände, wärt ihr also vor seinen Blicken geschützt und müsstet nur noch darauf achten, keine verräterischen Laute von euch zu geben.

- Der weitere Vorteil eines Dampfbads besteht darin, dass die Temperaturen dabei nicht brutal hochgehen. Dafür kann die hohe Luftfeuchtigkeit euch Atemnot bescheren. Entscheidet euch also lieber für soften als für besonders heftigen Sex.

- Besser ist es auch, wenn ihr auf der unteren Bank aktiv seid, wo die Temperatur 60 Grad nicht überschreiten dürfte. Selbst wenn ihr fit und durchtrainiert seid, sollten 80 Grad die Obergrenze darstellen. Auch der männliche Partner braucht nicht unbedingt jetzt beweisen, dass er besonders hart im Nehmen ist.

- Legt besser ein Handtuch auf die Bank, auf der ihr euch miteinander vergnügen möchtet. Wenn ihr eure Körperflüssigkeiten auf dem Holz hinterlassen würdet, hätten andere Gäste einen Grund, pikiert zu sein.

- Entspannte Zärtlichkeiten sind in diesem Klima sinnvoller als eine Mischung aus Show und Leistungssport. Sex im Stehen ist hier nicht nur besonders schweißtreibend, sondern kann Schwindelgefühle bis hin zur Bewusstlosigkeit auslösen. Die Missionarsstellung ist nicht wirklich gemütlich. Am sichersten dürfte es sein, wenn die Frau auf dem Schoß des Mannes sitzt, beide den Blick zur Tür gerichtet haben und er dann in sie eindringt.

- Euer Sex sollte nicht länger als acht bis zehn Minuten dauern. Wenn einer von euch schon vorher beginnt, sich unwohl zu fühlen, beendet den Sex und verlasst die Sauna. Es kann allerdings gut sein, dass ihr diesen Tipp gar nicht benötigt, weil ihr, da euer Körper auf Hochtouren läuft, ohnehin besonders schnell zum Höhepunkt gelangt. Seid nicht enttäuscht darüber, das ist einfach durch diesen speziellen Ort bedingt.

- Als Nachspiel könnt ihr gemeinsam unter die Eisdusche (oder auch unter eine lauwarme Dusche, wenn euch ein heftiger Temperaturwechsel aus eurer wohligen Stimmung reißen würde), um dann auf einer Liege entspannt auszuglühen.

Wenn ihr jetzt Appetit bekommen, aber trotzdem noch Angst vor Konflikten mit anderen Saunabesuchern habt: Es gibt auch spezielle Sauna-Clubs sowie Saunen in Swingerclubs, die explizit zu erotischen

Handlungen einladen. Dort kann man auch anderen Paaren beim Sex zusehen und selbst dabei betrachtet werden. Und schließlich gibt es Saunen, die exklusiv für eine oder mehrere Stunden vermietet werden. Auch dort wärt ihr ungestört.

Wie ziehst du deine private Vorstellung im Kino durch?

Viele Menschen, die einem sexuellen Abenteuer nicht abgeneigt sind, haben sich während des einen oder anderen Kinobesuchs schon mal gefragt, ob es wohl möglich wäre, auch an diesem Ort Sex zu haben. Viele andere Menschen kennen die Antwort, weil sie als Teenager oder Heranwachsende genau damit experimentiert haben. Die folgenden Dinge reduzieren das Risiko, bei einer solchen Aktion ertappt zu werden:

- Zunächst einmal sinkt dieses Risiko umso mehr, je weniger andere Zuschauer sich im Kinosaal befinden. Sucht euch also am besten einen Film mit wenig Zugkraft beim Massenpublikum aus, vielleicht einen, von dem ihr noch nie gehört habt. Je schlechter der Film ist, desto weniger dürfte er auch einen von euch davon ablenken, weshalb ihr überhaupt im Kino seid.

- Familienfilme und Filme für ein besonders junges Publikum scheiden aus, weil ihr beim Sex keine Kinder in eurer Nähe gebrauchen könnt. Beziehungsdramas haben oft den Nachteil, dass es bei bedeutungsschwangeren Szenen mehrere Minuten lang sehr still werden kann, was auch nicht ideal für euch wäre. Ein schrottiger, lauter Actionstreifen könnte sinnvoller sein.

- Eine weitere Möglichkeit, dem Massenandrang aus dem Weg zu gehen, besteht darin, sich eine besonders frühe oder besonders späte Vorstellung auszusuchen. Außerdem gehen am Dienstagabend deutlich weniger Leute ins Kino als am Wochenende.

- Ihr betretet das Kino erst kurz bevor der Film beginnt und lasst euch auf dem Monitor an der Kasse zeigen, welche Plätze schon besetzt sind. Das hilft euch, einen Sitzplatz auszuwählen, in dessen unmittelbarer Nähe sich niemand befindet.

- Besonders empfehlenswert sind die vordersten und die hintersten Reihen. In den vordersten

Reihen sitzt selten jemand, solange er anderweitig eine große Auswahl hat. In den hinteren Reihen ist es besonders dunkel und sie sind in der Regel auch kaum von den Blicken des Filmvorführers einsehbar. Je näher ihr an der Wand sitzt, die gegenüber dem Kinosaal-Eingang liegt, desto eher befindet ihr euch in schützender Dunkelheit.

- Ihr fangt nicht an, miteinander zu fummeln, während noch die Werbung läuft, sondern wartet bis wenigstens einige Minuten nach Beginn des Filmes ab. So stellt ihr sicher, dass ihr von keinem verspätet eintrudelnden Besucher oder dem Eisverkäufer bemerkt werdet.

- Die sicherste Methode, ungesehen zu bleiben, besteht darin, dass ihr eure Jacken über euren Schoß breitet und euch dann heimlich gegenseitig mit der Hand befriedigt. Wenn ihr es so anstellt, kann kaum etwas passieren.

- Gewagter ist es schon, wenn sie sich auf seinen Schoß setzt und mit ihm zu knutschen beginnt. Aber die wenigsten Leute spielen dabei

Voyeur, sondern konzentrieren sich stattdessen auf den Film, für den sie ihr Geld ausgegeben haben. Solange ihr leise seid und euch nur leicht bewegt, lässt sich das Knutschen auch in Sex verwandeln.

- Noch etwas gewagter ist es, wenn einer von euch vor dem anderen niederkniet und ihn mit dem Mund verwöhnt. Wenn ihr das riskieren möchtet, solltet ihr euch schon ziemlich sicher sein, ungestört bleiben zu können.

Damit gelangt dieser Ratgeber zu seinem Ende. Du hast jetzt eine große Bandbreite an Ideen und Tipps, Orten und Variationen kennengelernt, mit denen du dein Sexleben abwechslungsreicher machen kannst. Jetzt bleibt mir nur noch, dir für all deine zukünftigen Sex-Abenteuer das Beste zu wünschen. Habt bei euren Vergnügungen wenig Stress und dafür großen Spaß und viele Momente, in denen ihr euch erfüllt und glücklich fühlt!

Leseprobe:

Arne Hoffmann

Rausch der Ekstase

Ich stutze. Beuge mich vor. Kneife die Augen zusammen.

Nein, ich hab mich nicht geirrt. Diese Frau kenne ich. Sie heißt Jo. Wir studieren zusammen Komparatistik.

Jetzt sitzt sie drei Reihen schräg vor mir. Schmiegt sich an einen Kerl mit Stoppelbart. Er wirkt ein paar Jahre älter als sie. Auch den kenne ich irgendwoher. Karl? Klaus?

Die letzten Besucher hasten in den Saal. Das Licht wird gedimmt, der Vorhang gibt die Leinwand frei. Werbung.

Endlich beginnt der Film. Die Plakate haben ein actionreiches Spektakel versprochen. Stattdessen gibt es unerwartete Längen mit Szenen, die sich ewig hinziehen und einfach nicht enden wollen, was ich immer quälender finde, auch wenn es noch nicht so weit geht, dass ich das Kino deswegen verlasse.

Stattdessen fliegt mein Blick wieder zu Jo. Sie ist schon eine Hübsche. Schade, dass sie nicht solo ist.

Aber irgendwas stimmt nicht. Auch Jo widmet dem Film keine Aufmerksamkeit. Sondern …

Ich halte den Atem an. Hat der Typ ernsthaft seine Hand unter Jos Rock?

Ich muss grinsen. Tatsächlich. Die Hand des Typen bewegt sich in Jos Schoß. Jo sitzt angespannt da und starrt ins Leere. Versucht, sich nichts anmerken zu lassen. Wie scharf ist das denn!?

Das Mädchen lässt sich mitten im Kino zum Orgasmus bringen. Wobei sie unfassbar heiß aussieht. Mit gespannter Aufmerksamkeit versuche ich, mir so wenig entgehen zu lassen wie möglich. Sehe, wie immer wieder ein Zucken durch ihr Gesicht geht, wenn es ihr nicht gelingt, die Geilheit, die in ihr aufsteigt, schnell genug unter Kontrolle zu bekommen. Wie ihre Nasenflügel beben. Sich ihre Finger in das Polster der Armlehne krallen.

Inzwischen muss sie nass geschwitzt sein in ihrem Bemühen, nicht aufzukeuchen oder loszustöhnen. Vermutlich sind auch ihre Nippel unter der Bluse längst hart und steif. Zu schade, dass es viel zu düster ist, um das zu erkennen. Nur dass sie ihre Lippen zusammenpresst, bekomme ich mit.

Ich stelle mir vor, was passieren wird, wenn sie sich nicht mehr beherrschen kann. Die Hand des Typen zwischen ihren Beinen gewährt ihr keine Gnade. Er muss einen Heidenspaß daran haben, dieses Spiel mit Jo zu treiben. Ich beneide ihn. Nur zu gern würde ich mit ihm tauschen.

Keiner außer mir scheint zu bemerken, was ein paar Reihen unter mir passiert.

Am liebsten würde ich mir selbst ein bisschen Spaß verschaffen bei diesem Anblick. Aber ich hab nicht die Nerven dieses Mädels. Sitze auch ungünstig. Anders als Jo und ihr Macker – die haben Abstand zum restlichen Publikum gesucht.

Trotzdem kitzelt mich die Vorstellung, mit einzusteigen. Ich verfluche, dass ich keine Jacke dabeihabe. Die hätte ich mir über den Schoß legen können.

Stattdessen starre ich Jo gebannt an. Wie sie immer noch versucht, ruhig sitzen zu bleiben. Es ihr immer schwerer fällt. Sie es schließlich nicht mehr schafft. Sie sich stattdessen in den Polstern zu winden beginnt.

Unwillkürlich halte ich den Atem an.

Jo beugt sich jetzt vor. Stemmt ihre Hände gegen die Armlehnen. Gibt sich sichtlich große Mühe, keine Aufmerksamkeit auf sich zu ziehen. Aber ich kann gut erkennen, wie schwer ihr das fällt.

Dann kommt sie. Sie kommt tatsächlich mitten im Kino. Stumm. Es gelingt ihr immer noch, jedes Keuchen, jedes Aufstöhnen zu unterdrücken.

Unwillkürlich stoße ich einen anerkennenden Pfiff aus. Leise genug, denke ich. Aber ihr Kopf fährt herum und unsere Blicke treffen sich.

Ihr Blick geht mir durch und durch. Wieder bedauere ich, dass ich es nicht geschafft habe, es mir selbst zu besorgen. Der Ausdruck in Jos Gesicht hätte gereicht, mich ebenfalls kommen zu lassen.

Verwendete Literatur

Die folgenden Texte habe ich zurate gezogen, um dieses Buch zu schreiben. Dabei habe ich auf Fußnoten verzichtet, damit der Ratgeber nicht wie eine wissenschaftliche Arbeit aussieht und weil oft viele verschiedene Quellen dieselben Informationen enthalten. Oft verrät aber schon der Titel der hier aufgeführten Quelle, für welche Passage dieses Buches sie eine der Grundlagen war.

- Adriana: 6 Truths About Sex In A Pool + Advice To Make It Work. Online unter https://badgirlsbible.com/sex-in-a-pool.
- Adriana: How To Have Sex Outside & Make It Incredible. Online unter https://badgirlsbible.com/sex-outside.
- Agonito, Rosemary: Dirty Little Secrets. Sex at the Workplace. New Futures 2000.
- Amante, Chase: Sex Logistics: How to Get Intimate in Unusual Places. Online unter https://www.girlschase.com/content/sex-logistics-how-get-intimate-unusual-places.
- Ammann, Karin: Gelegenheit macht Liebe. Wenn's im Büro knistert. Orell Füssli 2006.
- Andresky, Sophie: Wir haben 8 Locations für Sex im Freien getestet. Online unter https://www.cosmopolitan.de/outdoor-sex-wir-haben-8-locations-fuer-sex-im-freien-getestet-57711.html.
- Aschermann, Tim: Sex auf dem Balkon: Ist das erlaubt? Online unter https://praxistipps.focus.de/sex-auf-dem-balkon-ist-das-erlaubt_58557.
- Balmain, Julianne: Office Kama Sutra. Chronicle Books 2001.
- Beckmann, Werner: Sex im Auto: So kommt Ihr in Fahrt. Online unter https://magazin.amorelie.de/sex-im-auto.

- Berg, Jonathan: Wo Sex am Strand richtig teuer wird. Online unter https://www.marcopolo.de/reise-reportagen/detail/wo-sex-am-strand-richtig-teuer-wird.html.
- Birch, Jenna: 7 Shower Sex Positions That Are Anything But Clean. Online unter https://www.womansday.com/relationships/sex-tips/g27650913/shower-sex-positions.
- Blogger: Wo Sex am schönsten ist: 10 Orte für dein Abenteuer. Online unter https://amorjoya.de/wo-sex-am-schoensten-ist-10-orte-fuer-dein-abenteuer.
- Vgl. Burri, Andrea: Wie angesagt ist der Quickie? Online unter https://blog.tagesanzeiger.ch/vonkopfbisfuss/index.php/69542/wie-angesagt-ist-der-quickie.
- Boogaert, John und Noll, Douglas: Sex, Politics & Religion at the Office. Auberry 2006.
- Borg, Sonia: Spectacular Sex Moves He'll Never Forget. Quiver 2010.
- Brabaw, Kasandra: 9 Tipps für richtig guten Sex im Campingzelt. Online unter https://www.refinery29.com/de-de/entspannter-sex-im-camping-zelt-tipps#slide-1.
- Brabaw, Kasandra; Longman, Molly: How To Have An Incredible, Stress-Busting Quickie. Online unter https://www.refinery29.com/en-us/quickie-sex-tips.
- Brandstetter, Jonas: Sex im Zug: Ist das strafbar? Einfach erklärt. Online unter https://praxistipps.focus.de/sex-im-zug-ist-das-strafbar-einfach-erklaert_97964.
- Brown, Helen: Sex and the Office. Barricade 2004.
- Brümmer, Stephanie: Besser als sein Ruf: 8 gute Gründe für einen Quickie. Online unter https://www.bildderfrau.de/lust-liebe/liebe-sex/article215857813/8-gute-Gruende-fuer-einen-Quickie.html.
- Canning, Kristin: 9 Ways To Make Camping Sex Infinitely Hotter. Online unter https://www.womenshealthmag.com/sex-and-love/a28080996/camping-sex.
- Chatel, Amanda: What You Need To Know Before You Have Sex In A Car. Online unter https://www.bustle.com/articles/115023-9-things-you-need-to-know-before-you-have-sex-in-a-car.

- Christian, M.: 6 Awesome Sex Positions to Try on Your Couch. Online unter https://www.kinkly.com/6-awesome-sex-positions-to-try-on-your-couch/2/18542.
- Christian, M.: Stand and Deliver: 5 Standing Sex Positions. Online unter https://www.kinkly.com/stand-and-deliver-5-standing-sex-positions/2/18356.
- Christian, M.: The 7 Best Car Sex Positions to Get Your Motors' Revving. Online unter https://www.kinkly.com/the-7-best-car-sex-positions-to-get-your-motors-revving/2/18619.
- Cox, Tracey: Quickies. Sex for Busy People. Dorling Kindersley 2006.
- Dannam, Marc: Dare … to Have Sex Everywhere But in Bed. Hunter House 2009.
- Dauer, Janine: Prickelnd! So klappt es mit dem Sex auf dem Balkon. Online unter https://www.brigitte.de/liebe/sex-flirten/sex-auf-dem-balkon--wie-ihr-nicht-erwischt-werdet-11691268.html.
- della Quercia, Jacopo: 7 Kama Sutra Sex Tips That Will Put You In The Hospital. Online unter http://www.cracked.com/article_18450_7-kama-sutra-sex-tips-that-will-put-you-in-hospital.html.
- Dr.-Sommer-Team: Sex im Schwimmbad, See oder Meer. Online unter https://www.bravo.de/sex-im-schwimmbad-see-oder-meer-254085.html.
- Dubberley, Emily: Brief Encounters. the Women's Guide to Casual Sex. Fusion Press 2005.
- Dubberley, Emily: Sex for Busy People. The Art of the Quickie for Lovers on the Go. Fireside 2006.
- Düll, Helena: So viel kostet dich Sex in der Öffentlichkeit. Online unter https://www.watson.de/leben/sex/235827397-so-viel-kostet-dich-sex-in-der-oeffentlichkeit.
- Erhardt, Mimi: Sex im Auto: Die besten Stellungen, Hot Spots und Don'ts für den Outdoor-Spaß. Online unter https://www.gq-magazin.de/unterhaltung/erotik/sexkolumne-sex-im-auto.
- Faller, Susanne: Sex in der Sauna: Das feuchtfröhliche Erlebnis. Online unter https://www.desired.de/liebe/sex/outdoor-sex/sex-in-der-sauna.
- Fernandes, Kasmin: How to have sex …in a changing room, or after a fight. Online unter

https://www.mid-day.com/articles/how-to-have-sex-in-a-changing-room-or-after-a-fight/70852.

- Fielding, Sarah: 8 Tips for Having Sex When You're Camping. Online unter https://www.menshealth.com/sex-women/g26652190/camping-sex-tips.
- Fournier, Anabelle Bernard: The Best Sex Positions For Quickies. Online unter https://www.kinkly.com/the-best-sex-positions-for-quickies/2/14575.
- Fulbright, Yvonne: 11 Ways to Have More Spontaneous Sex. Online unter https://www.foxnews.com/story/foxsexpert-11-ways-to-have-more-spontaneous-sex.
- Gainsburg, Marissa und Howard, Madeline: 12 Sex Positions That Will Make You Actually Enjoy Shower Sex. Online unter https://www.womenshealthmag.com/sex-and-love/g20662499/shower-sex-positions.
- Gajek, Katja: Sex auf dem Balkon: So werdet ihr nicht erwischt. Online unter https://www.desired.de/liebe/sex/outdoor-sex/sex-auf-dem-balkon.
- Gajek, Katja: Sex auf der Motorhaube: Die besten Tipps für euren Quickie. Online unter https://www.desired.de/liebe/sex/outdoor-sex/sex-auf-der-motorhaube.
- Gajek, Katja: Sex im Zelt: Aufregend oder abtörnend? Online unter https://www.desired.de/liebe/sex/outdoor-sex/sex-im-zelt-aufregend-oder-abtoernend.
- Garrison, Eric Marlowe: Nought to quickie in 300 seconds. Online unter http://www.menshealth.co.uk/sex/better/nought-to-quickie-in-300-seconds-536980.
- Gonzalez, Barbara: Sex by Location: How to get it poppin' in the fitting room. Online unter https://cassiuslife.com/2997/sex-fitting-room.
- Gonzalez, Barbara: Sex by Location: Lick more than just icecream at your next picnic. Online unter https://cassiuslife.com/6458/sex-in-public-park.
- Green, Sara Faye und Siclait, Aryelle: 8 Ways To Make Your Quickie Sex Sesh Worth It. Online unter https://www.womenshealthmag.com/sex-and-love/a19564781/quickie-sex-tips.
- Hague, Jennifer: Sex Marks the Spot: 69 Racy, Risky Places for Intimate Adventure. Sourcebooks 2010.
- Hay, Mark: How to Have Great Sex in Water. Online unter https://www.mensjournal.com/health-fitness/how-to-have-great-sex-in-water-w208001.

- Hoffmann, Arne: Romantischer Sex. Passion Publishing 2010.
- Hoffmann, Arne: Sex für Fortgeschrittene. Marterpfahl 2006.
- Hoffmann, Arne: Das Kamasutra am Arbeitsplatz.
- Joannides, Paul: The Guide to Getting It On, 6th Edition. Goofy Foot Press 2009.
- Kaper, Kidder: Sex is fun! Creative Ideas for Exciting Sex. Avery Trade 2010.
- Karly: 7 Tips You Need to Have Good Outdoor Sex. Online unter https://www.vibease.com/blog/7-tips-you-need-to-have-good-outdoor-sex.
- Kassel, Gabrielle: In a Rush? How to Have Hot Sex Without Stripping Down. Online unter https://www.healthline.com/health/healthy-sex/sex-with-clothes-on.
- Kernan, Lauren: The 11 best places to have sex in public. Online unter https://www.bedsider.org/features/1207-the-11-best-places-to-have-sex-in-public.
- Koether, Timo: Sex in der Sauna: Verbotenes Vergnügen? Online unter https://www.brigitte.de/liebe/sex-flirten/sex-in-der-sauna--verbotenes-vergnuegen--11594130.html.
- Kramer, Delia: Sexplosions. Heyne 2005.
- Lehmiller, Dr. Justin: Why Cars Are One Of The Most Popular Places To Have Sex. Online unter https://www.lehmiller.com/blog/2018/4/4/cars-are-one-of-the-most-popular-places-to-have-sex.
- Levine, David: Anthropologist and love expert Helen Fisher on the mysteries of love. Online unter https://www.elsevier.com/connect/anthropologist-and-love-expert-helen-fisher-on-the-mysteries-of-love.
- Lynn, Regina: Sexier Sex. Lessons from the Brave New Sexual Frontier. Seal Press 2008.
- Marder, Ariane: Exactly How to Have Sex on the Beach. Online unter https://www.glamour.com/story/exactly-how-to-have-sex-on-a-b.
- Marin, Vanessa: 6 Tips For Getting Down In The Water. Online unter https://www.bustle.com/articles/180544-6-tips-for-sex-in-water-because-safety-can-be-slippery.
- Marin, Vanessa: 10 Tips For Great Camping Sex. Online unter https://www.bustle.com/articles/178668-10-camping-sex-tips-because-theres-more-than-one-way-to-enjoy-roughing-it.

- Marin, Vanessa: How To Have Sex On The Beach. Online unter https://lifehacker.com/how-to-have-sex-on-the-beach-1716267021.
- Martyna: Hot or Not? Die heißesten Erotik-Locations. Online unter https://www.grazia-magazin.de/hot-stories/sex-love/hot-or-not-die-heissesten-erotik-locations-21791.html.
- McDonnell-Parry, Amelia: 5 Perfectly Good Reasons To Sleep With Him On The First Date. Online unter https://thefrisky.com/246-5-perfectly-good-reasons-to-sleep-with-him-on-the-first-date/.
- Miller, James: People having sex in the bathroom: all you ever wanted to know about having sex in public restrooms. Online unter https://pure.dating/article/casual-sex-in-a-public-bathroom.
- Ms. Part Time Wino: The Absolute Worst Places to Have Sex. Online unter https://medium.com/sexography/the-absolute-worst-places-to-have-sex-30bea89cccac.
- Nadine: Auf (S)expedition – 10 außergewöhnliche Orte für Sex. Online unter https://www.liebeslust.de/liebesgefluester/10-aussergewoehnliche-orte-fuer-sex.
- Neumann, Armandine: So hast du richtig heißen Sex im Kino. Online unter https://www.nice-magazin.de/so-hast-du-richtig-heissen-sex-im-kino.
- Neumann, Armandine: So klappt heißer Sex auf der Waschmaschine. Online unter https://www.nice-magazin.de/quickie-auf-der-waschmaschine-schleudergang.
- Newman, Liz: Sex in Public Places: An Expert Guide. Online unter https://www.thrillist.com/sex-dating/nation/your-definitive-guide-to-sex-in-public-places.
- N. N.: 6 Tipps für den perfekten Quickie. Online unter https://www.ajoure.de/lifestyle/liebe-und-beziehungen/6-tipps-fuer-den-perfekten-quickie.
- N. N.: Casual sex in a public bathroom – possible, but be careful. Online unter https://www.luckyapp.co/casual-sex-in-a-public-bathroom.
- N. N.: Das sind die besten 10 Orte für heiße Höhepunkte im Freien. Online unter https://www.menshealth.de/sex/outdoor-sex-liebe-im-freien.
- N. N.: Die 10 beliebtesten Quickie-Orte. Online unter https://www.wunderweib.de/schneller-sex-die-10-beliebtesten-quickie-orte-11539.html.
- N. N.: Die zehn besten Orte für einen Quickie. Online unter https://www.

stern.de/neon/herz/liebe-sex/quickie--die-zehn-besten-orte-fuer-die-schnelle-nummer-8182056.html.

- N. N.: Die zehn liebsten Quickie-Orte der Deutschen. Online unter https://www.bild.de/unterhaltung/erotik/sexualpraktik-quickie/umfrage-orte-fuer-die-schnelle-nummer-41125930.bild.html.
- N. N.: Du planst einen Quickie mit ihr? Die wichtigsten Tipps. Online unter https://flirtuniversity.de/du-planst-einen-quickie-mit-ihr-die-wichtigsten-tipps.
- N. N.: Erotisch oder eklig? – Das reizt uns an Sex auf der Toilette. Online unter https://www.rtl.de/cms/erotisch-oder-eklig-das-reizt-uns-an-sex-auf-der-toilette-4030059.html.
- N. N.: Jeder dritte männliche deutsche Autofahrer hatte schon mal Sex im Auto. Online unter https://www.moz.de/artikel-ansicht/dg/0/1/958825.
- N. N.: Paar hat Sex in Umkleidekabine – auch die Verkäufer können sie nicht abhalten. Online unter https://www.focus.de/regional/bayern/erlangen-paar-hat-sex-in-umkleidekabine-auch-die-verkaeufer-koennen-sie-nicht-abhalten_id_9220939.html.
- N. N.: Schneller Sex: Tipps für den perfekten Quickie. Online unter https://www.fitforfun.de/news/schneller-sex-tipps-fuer-den-perfekten-quickie-297269.html.
- N. N.: Sex auf dem Balkon: Ist das erlaubt? Online unter https://www.wunderweib.de/sex-auf-dem-balkon-vorsicht-vor-blicken-3443.html.
- N. N.: Sex auf der Toilette: Der Reiz des Klosetts. Online unter https://www.sat1.de/ratgeber/liebe-sex/erotik/sex-auf-der-toilette-der-reiz-des-klosetts.
- N. N.: Sex by Location: Summer Starter Pack. Online unter https://cassiuslife.com/9619/sex-by-location-summer.
- N. N.: Sex im Freien: Was ist erlaubt? Online unter https://www.wunderweib.de/sex-im-freien-was-ist-erlaubt-5817.html.
- N. N.: Sex im Stehen: Die besten Tipps und Stellungen. Online unter https://www.wunderweib.de/sex-im-stehen-die-besten-tipps-und-stellungen-101489.html.
- N. N.: Sex im Zelt? Wie ihr es richtig anstellt! Online unter https://flirtuniversity.de/sex-im-zelt-wie-ihr-es-richtig-anstellt.
- N. N.: The sex in the sauna guide. Online unter https://www.gmfa.org.uk/the-sex-in-the-sauna-guide.

- N. N.: Ungewöhnliche Sex Orte Teil 2 – Sex am Strand. Online unter https://flirtuniversity.de/ungewoehnliche-sex-orte-teil-2-sex-am-strand-was-beim-sex-am-meer-beachten-werden-sollte.
- N. N.: Ungewöhnliche Sex Orte Teil 3 – Sex im Schwimmbad. Online unter https://flirtuniversity.de/ungewoehnliche-sex-orte-teil-3-sex-im-schwimmbad-alles-ueber-die-vor-und-nachteile.
- N. N.: Ungewöhnliche Sex Ort Teil 4 – Sex in der Umkleidekabine. Online unter https://flirtuniversity.de/ungewoehnliche-sex-ort-teil-4-sex-in-der-umkleidekabine.
- N. N.: Ungewöhnliche Sex Orte Teil 5 – Sex im Freien. Online unter https://flirtuniversity.de/ungewoehnliche-sex-orte-teil-5-sex-im-freien/.
- N. N.: Ungewöhnliche Sex Orte Teil 6 – Sex im Flugzeug. Online unter https://flirtuniversity.de/ungewoehnliche-sex-orte-teil-6-sex-im-flugzeug.
- N. N.: Was Sie über Sex in der Sauna wissen müssen. Online unter https://www.freenet.de/lifestyle/liebe-und-partnerschaft/was-sie-ueber-sex-in-der-sauna-wissen-muessen_6591802_4743240.html.
- Normandy, Marsha und St. James, Joseph: 101 Places to Have Sex Before You Die. Gallery 2008.
- Oyedare, Timilehin: 5 helpful tips for having sex in the cinema. Ursprünglich zitiert nach https://www.pulse.ng/get-your-freakie-on-5-helpful-tips-for-having-sex-in-the-cinema/w9lhx3k. Nicht mehr online.
- Page, Danielle: 6 Positions For Hot Bathroom Sex. Online unter https://www.askmen.com/dating/love_tip_100/128_love_tip.html.
- Pasion, Andy: One Night Stand finden: 10 Tipps für die Suche nach Sex. Online unter https://www.wie-flirte-ich.com/flirttipps/one-night-stand-finden-tipps-schneller-sex.
- Pfeuffer, Charyn: It's OK to Have Casual Sex on Your Summer Vacation – Here's How to Do It Safely. Online unter https://www.kinkly.com/its-ok-to-have-casual-sex-on-your-summer-vacation-heres-how-to-do-it-safely/2/18243.
- Pope, Bella: 15 Sexy Ways to Have the Best Quickie Every Time. Online unter https://www.lovepanky.com/sensual-tease/sizzle/ways-to-have-the-best-quickie-every-time.
- Raghuram, Nandita: 9 Underwater Sex Tips You Should Know Before You, Um, Dive In. Online unter

https://www.refinery29.com/en-us/underwater-sex-pool-guide#slide-3.

- Ray, Audacia: Wicked Quickies: 52 Ways to Get It On Anytime, Anywhere. Sourcebooks Casablanca 2009.
- Riordan, Holly: 10 Risqué Tips For Having A Quickie That'll Actually Make You Orgasm. Online unter https://thoughtcatalog.com/holly-riordan/2016/06/10-risque-tips-for-having-a-quickie-thatll-actually-make-you-orgasm.
- Rohde, Fiona: Heiße Fahrt, viel Verkehr: Die besten Tipps für Sex im Auto. Online unter https://www.gofeminin.de/leidenschaft/sex-im-auto-s1906553.html.
- Rohde, Fiona: Liebe unterm Sternenhimmel: Was ihr über Sex am Strand wissen müsst. Online unter https://www.gofeminin.de/leidenschaft/sex-am-strand-s1417100.html.
- Rohde, Fiona: Schneller Sex: Wie ihr beim Quickie auf eure Kosten kommt. Online unter https://www.gofeminin.de/leidenschaft/quickie-s1815993.html.
- Rose, Robert und Tilton, Buck: Outdoor-Handbuch, Basiswissen für draußen: Sex. Vorbereitung, Technik, Varianten. Conrad Stein Verlag 2004.
- Schmitz, Anja: Outdoor-Sex: 10 Tipps für unbeschwerten Spaß im Freien. Online unter https://www.lovepoint.de/magazin/erotisches/outdoor-sex.
- Schumann, Susanne: Quickie: 10 Tipps für die schnelle Nummer. Online unter https://www.brigitte.de/liebe/sex-flirten/kurz-und-gut--4-ueberzeugende-gruende-fuer-einen-quickie-10193800.html.
- Serbent, Helena: Sex in der Umkleidekabine: Machbar oder unbequem? Online unter https://www.desired.de/liebe/sex/outdoor-sex/sex-in-der-umkleidekabine.
- Shatto, Rachel: 5 Sex Moves To Try While Camping That'll Make You Want To Pitch A Tent RN. Online unter https://www.elitedaily.com/p/5-sex-moves-to-try-while-camping-thatll-make-you-want-to-pitch-a-tent-rn-18004307.
- Siler, Wes: How to Have (Good) Sex in a Tent. Online unter https://www.outsideonline.com/2201081/how-have-good-sex-tent.
- Stoddard, Grant: The Secrets of Amazing Shower Sex. Online unter https://bestlifeonline.com/shower-sex.
- Strovny, David: 5 Risky Sex Locales. Online unter https://ca.askmen.com/dating/love_tip_250/295b_love_tip.html.

- Strovny, David: Best Sex Positions For Awkward Spaces. Online unter http://uk.askmen.com/dating/love_tip_300/310_love_tip.html.
- Sussman, Lisa: Quickie Sex: Over 100 Truly Explosive Tips. Carlton 2002.
- Sweet, Lisa und Editors of Amorata Press: 365 Sex Positions. Ulysses Press 2009.
- Talbot, Nicci: Fast Sex. Hamlyn 2009.
- Taylor, Emma und Sharkey, Lorelei: How to Have a One-Night Stand in 10 Easy Steps. Online unter http://www.emandlo.com/2009/09/how-to-have-a-one-night-stand.
- Taylor, Kate: Life's Too Short for Tantric Sex. Ivy Press 2003.
- Thorn, Katy: Better When it's Wetter: Top Tips for Amazing Shower Sex. Online unter https://www.lelo.com/blog/better-wetter-top-tips-amazing-shower-sex.
- Tigar, Lindsay: Locations For A Quickie. Online unter http://uk.askmen.com/dating/love_tip_200/225_love_tip.html.
- Tigar, Lindsay: How to Have Public Sex Without Getting Caught. Online unter https://www.askmen.com/sex/sexual_experiences/how-to-have-public-sex-without-getting-caught.html.
- Wagner, Ingo: Gibt es das perfekte Liebesnest für Camper? Online unter https://www.promobil.de/tipp/sex-tipps-camping-urlaub-fahrzeug-caravan-wohnmobil-zelt.
- Weiss, Suzannah: 15 Shower Sex Positions and Steamy Tips to Try Tonight. Online unter https://www.glamour.com/story/4-sex-positions-that-are-perfe.
- Wikihow-Staff: How to Make Out in a Movie Theatre. Online unter https://www.wikihow.com/Make-Out-in-a-Movie-Theatre.
- Williams, Alex: Kitchen Kama Sutra: 50 Ways to Seduce Each Other Outside the Bedroom. Three Rivers Press 2007.
- Wittheck, Mila: Diese Tipps machen schnellen Sex noch besser. Online unter https://www.menshealth.de/sex/so-wird-ihr-quickie-noch-besser.

ZITATE

- 1. Vgl. N.N.: Die zehn liebsten Quickie-Orte der Deutschen. In: *Bild* vom 28.5.2015. Online unter https://www.bild.de/unterhaltung/erotik/sexualpraktik-quickie/umfrage-orte-fuer-die-schnelle-nummer-41125930.bild.html.
- 2. N.N.: Die 10 beliebtesten Quickie-Orte. Online unter https://www.wunderweib.de/schneller-sex-die-10-beliebtesten-quickie-orte-11539.html.
- 3. Vgl. Burri, Andrea: Wie angesagt ist der Quickie? Online unter https://blog.tagesanzeiger.ch/vonkopfbisfuss/index.php/69542/wie-angesagt-ist-der-quickie.
- 4. Vgl. Levine, David: Anthropologist and love expert Helen Fisher on the mysteries of love. Online unter https://www.elsevier.com/connect/anthropologist-and-love-expert-helen-fisher-on-the-mysteries-of-love.
- 5. Vgl. Jeschek, Hans-Heinrich: Strafgesetzbuch. Textausgabe mit ausführlichem Sachregister und einer Einführung. dtv 1985, S. 120.
- 6. Zitiert nach https://www.fedlex.admin.ch/eli/cc/54/757_781_799/de.
- 7. Vgl. N.N.: Sex auf dem Balkon: Ist das erlaubt? Online unter https://www.wunderweib.de/sex-auf-dem-balkon-vorsicht-vor-blicken-3443.html.
- 8. Vgl. Brandstetter, Jonas: Sex im Zug: Ist das strafbar? Einfach erklärt. Online unter https://praxistipps.focus.de/sex-im-zug-ist-das-strafbar-einfach-erklaert_97964.
- 9. Vgl. Düll, Helena: So viel kostet dich Sex in der Öffentlichkeit. Online unter https://www.watson.de/leben/sex/235827397-so-viel-kostet-dich-sex-in-der-oeffentlichkeit.
- 10. Vgl. Berg, Jonathan: Wo Sex am Strand richtig teuer wird. Online unter https://www.marcopolo.de/reise-reportagen/detail/wo-sex-am-strand-richtig-teuer-wird.html.
- 11. Vgl. Kramer, Delia: Sexplosions. Heyne 2005, S. 210–211.
- 12. Vgl. *Men's Health Coach*, Ausgabe Nr. 5, S. 119.
- 13. Vgl. Joannides, Paul: The Guide to Getting It On. S. 60–61.
- 14. Vgl. Raghuram, Nandita: 9 Underwater Sex Tips You Should Know Before You, Um, Dive In. Online unter https://www.refinery29.com/en-us/underwater-sex-pool-guide#slide-3.